Die Ewigkeit ist
nur ein Augenblick.

BRUNO WÜRTENBERGER

TODLEBENDIG

UND DIE FOLGEN
EINER EINZIGEN SEKUNDE

GREATLIFE.BOOKS

Umschlaggestaltung: GretLife.Books
Set & Layout: GreatLife.Books

Bildquelle: ©Jiri Novotny/123RF.com
Herausgegeben: 02.2016

Verlag: GreatLife.Books (alea active GmbH)
Hauptstr. 97 | 69 469 Weinheim
www.greatlifebooks.de | info@greatlifebooks.de

ISBN: 978-3-945952-41-2 (Taschenbuch)
ISBN: 978-3-945952-42-9 (HardCover)
ISBN: 978-3-945952-43-6 (eBook)

Printed in Germany

Was Dich erwartet

Über Autor & Verlag

DAS ABENTEUER BEGINNT

Es geschah vor über 30 Jahren. Plötzlich war ich tot, doch um so überraschter war ich, dass ich mich niemals zuvor – und auch nicht danach – lebendiger gefühlt habe als in diesem einen Augenblick!

Es war ein wundervoller Tag, die Sonne glühte am Himmel, ich war 19 Jahre alt und vor mir leuchtete meine Harley, als wollte sie mich zu einer kurzen Ausfahrt einladen. Sie verlangte geradezu danach. Fast schon aufdringlich. Ich konnte gar nicht anders. Ich verspürte den innigen Wunsch mich auf mein Motorrad zu schwingen und ein bisschen in der Gegend herumzukurven. Ich fühlte die Lust und das Begehren – wie es immer ist, wenn man etwas intensiv fühlt – ein paar wenige Gedanken ... und schon durchwühlte ein sommerlich sanfter Fahrtwind meine Haare.

Damals war es noch keine Pflicht, einen Helm zu tragen. Vernünftige Jungs in meinem Alter trugen selbstverständlich einen, aber mal ehrlich: Welche Jungs in dem Alter sind schon vernünftig? Vernunft ist ja ein Vorrecht der Älteren. Erst durch Erfahrung wird sie gebildet und diese besitzt man – in der Regel – in jungen Jahren noch nicht. Natürlich gab und gibt es Ausnahmen. Ob ich eine davon war? Eigentlich schon, doch im Verhältnis gesehen wohl eher weniger. Erst viel, viel später in meinem Leben zeigte sich, dass mir diese Haltung zum Glück nicht nur Schmerz bringen sollte, sondern mir auch zu meine größten Erfolgen bescherte. Doch das ist eine andere Geschichte.

Ich kann also nicht behaupten, dass Unvernunft in jedem Falle nicht vernünftig und Vernunft immer besser wäre. Es ist manchmal eben so und dann auch wieder anders. Verstehe das aber nicht falsch. Es soll nicht zur Ausrede dienen, wenn man besser vernünftig gewesen wäre. Ich will damit sagen, dass es nicht immer sinnvoll oder eben vernünftig ist, was die meisten Menschen so für Lebensweisheiten von sich geben. Viele Eltern, Lehrer und auch das Gesetz gebieten sie uns ja ständig. Diese sogenannte Vernunft. Ich der Meinung, dass gerade sie von Vernunft meist nicht den geringsten Schimmer haben. Ich vermute sogar, dass keiner von uns auch nur die leiseste

Ahnung davon hat.

Aber zurück zu mir und meiner Maschine. Einfach herrlich! Gemütlich herumkurven in meinem Viertel. Lederhose, freches T-Shirt natürlich in Schwarz und bei diesen Temperaturen durfte meine Lederjacke auch gerne zu Hause im Kasten bleiben. Das war für mich Freiheit. Zumindest damals. Diese Art von Freiheit nach der sich irgendwie doch jeder von uns sehnt, oder nicht?

Dass jede mögliche Art des Sich-frei-Fühlens im Leben nur ein mehr oder weniger kläglicher Ersatz des wahrhaftigen Freiseins ist, dass sollte mir schon bald klar werden.

Gerade befand ich mich auf jeden Fall auf einer ziemlich abschüssigen Straße, wie es davon in der Schweiz ja unzählige gibt. Zwischen den schönen Häusern knatterte ich auf eine unübersichtliche Kurve zu. Auf der rechten Straßenseite erblickte ich eine ältere Frau. Damals war das nicht so wie heute. Nicht jede Straße verfügte über einen Fußgängerbereich. „Ich will sie nicht erschrecken!" dachte ich bei mir. Immerhin kann so ein plötzlich auftauchender, tösender Lärm einer dicken Harley einen schon ganz schön aus dem Alltagstran reißen. Nur so nebenbei: War das nicht vernünftig? Ich beschloss also in einem möglichst großen Bogen um sie herum vorbeizudonnern. Zumindest heute wollte ich ein anständiger, junger Mann sein. Ein Vernünftiger eben. Doch wohin sollte mich das bringen?

Meinem Vorhaben folgte postwendend die Tat und damit fand ich mich genauso plötzlich in einer Situation wieder, die noch folgenreich für mich werden sollte ...

Dank meines Manövers war es mir nun unmöglich geworden, noch korrekt einzuschätzen, ob mir auf dieser schmalen Bergstraße, mitten in der nächstn Kurve, ein Auto entgegenkommt würde oder eben nicht. Ich war so anständig, nett und vernünftig, dass ich mein warnendes Gefühl, dieser alten Frau zuliebe, gerne und fröhlich hinten an gestellt hatte.

Doch schneller als erahnt sollte sich mein braver Anstand als etwas ziemlich Unvernünftiges entpuppen. Eigentlich nicht nur als unvernünftig, sondern eher als etwas Katastrophales! Natürlich kam es, wie es nicht anders kommen konnte. Ausgerechnet mir kam heute, auf dieser selten befahrenen Straße, mitten in genau dieser einen Kurve, ein Auto entgegen. Der Schreck jagte mir in die Glieder!

Eigentlich hatte ich es ja gewusst! Ich hatte meiner momentanen Laune nachgegeben und das tiefere und somit leisere Gefühl einfach übergangen.

Erst im Laufe meines Lebens habe ich festgestellt, dass dieses Gefühl, das immer weiß, was gerade das Richtige wäre, uns eigentlich immer begleitet. Uns vor jedem Leid warnt. Aber je tiefer der Ursprung eines Gefühls sitzt, einer Intuition oder wie immer Du das auch nennen willst, desto leiser spricht es leider auch zu einem. Man muss schon sehr achtsam im Leben sein, wenn man diese ‚Innere Stimme' hören und mit ihr verbunden bleiben will. Je öfter wir sie übergehen, desto schneller verabschiedet sie sich auch aus unserem Alltagsbewusstsein und taucht unter, ins Unbewusste. Das ist der Wohnort für untergetauchtes Bewusstsein.

Heute weiß ich, dass wir eigentlich immer alles schon im Voraus wissen. Mittlerweile bestätigen das sogar unzählige Studien und aktuelle Forschungen der Neurowissenschaften. Unser Gehirn weiß mehr oder weniger acht Sekunden im Voraus, was wir tun oder sagen werden. Nur bewusst bemerken tun wir es meist nicht. Das klingt schon etwas verrückt, ich weiß. Aber was kann ich machen? Es ist numal so: Unser Gehirn entscheidet lange bevor wir uns einmischen. Und wenn wir dann reagieren, dann halten wir es für unseren eigenen Entschluss. So ist das nunmal. Auch wenn das Leben dergleichen Abläufe offensichtlich für vernünftigt hält, so finde ich, sollten wir das als willkommenen Anlass nutzen, genau diese Prozesse zutiefst zu hinterfragen.

Nun gut, wie dem auch sei. Ich saß also da auf meiner knatternden Harley und befand mich in einer ziemlich verzwickten Situation. Ich hier, großzügig auf meinem Motorrad, der Dame ausweichend um mir zu beweisen, was für ein lieber Mensch ich bin, und das Auto dort, mir geradewegs entgegenkommend. „Bald wird es wohl eine Beule mehr haben", dachte ich noch so bei mir. Unvermeidlich war der Zusammenstoß. Doch aufgepasst, jetzt geschah das Unglaubliche!

DAS UNGLAUBLICHE GESCHIEHT

Kann schon sein, dass dies nun ein wenig verrückt klingen wird, aber stelle Dir meine Situation einmal richtig plastisch vor: Ich rase also gerade frontal auf das mir entgegenkommende Fahrzeug zu. Ein Crash ist unvermeidlich.

Das Unglaubliche was nun passieren sollte war nicht, dass es keinen Zusammenstoß gab. Nein! Es war noch viel unglaublicher! Ich sehe das Auto aus der Kurve auftauchen. Wir rasen aufeinander zu. Ich realisiere, was gleich geschehen wird. Und ... In diesem Moment geschieht es. Die Zeit stoppt!

Ich weiß noch ganz genau, mein letzter Gedanke war: „Oh Scheiße, jetzt ist es vorbei!" und im selben Augenblick befand ich mich in einer anderen Dimension.

Wow, das war ver-rückt! Plötzlich hatte ich unendlich Zeit. Mehr als genügend. Ganz in Ruhe konnte ich mir überlegen, ob es nicht doch noch einen Ausweg gäbe? Konnte ich ausweichen? Ich betrachtete die Umgebung und es war klar: Ausweichen nicht möglich! Also überlegte ich mir ganz gemütlich, ob es noch eine andere Möglichkeit geben könnte. Ich erinnerte mich an eine Sendung im Fernsehen. In dieser hatten sich kluge Köpfe genau die gleiche Frage gestellt, wie ich mir jetzt: Wie könnte es möglich sein, in einer genau solchen Situation, dem drohenden Tod zu entkommen? Im genau richtigen Moment, im Augenblick unmittelbar vor dem direkten Aufprall, solle man hochspringen. Das war ihr Ergebnis gewesen. Das sollte das Vorteilhafteste sein. So hatten sie gesagt.

Nach reiflicher Überlegung schien mir dies die einzig vernünftige Antwort auf meine Frage. Und genau so tat ich es dann auch. Gott sei Dank wusste ich damals noch nichts über Physik. Sonst hätte ich wohl auch gewusst, welch beinahe unmögliches Unterfangen dies war. Welch unglaubliche Koordination aller Umstände es dafür benötigte, diesen einen kurzen Augenblick zu erwischen, im richtigen Winkel hochzuspringen und das auch noch genau im perfekten Moment zu tun. Unter normalen Umständen eine unmögliche Leistung. Der Tod war mir also sicher.

Beim ersten Blick, als der Wagen hinter der Kurve hervor schoss, war mir also klar, dass dies nun mein Ende ist. Daran hatte ich nicht den leisesten Zweifel. Und genau in diesem Moment, als mir hundertprozentig klar war, dass ich im nächsten Augenblick tot sein werde, geschah all das Unmögliche.

Ich erwischte in absoluter Perfektion genau die richtige Tausendstelsekunde, um in ebensolch eleganter, athletischer Weise einen Salto über das Fahrzeug zu performen. Gut, ich konnte während meiner Annäherung schon erkennen, dass mein Knie am Scheinwerfer aufprallen würde. Ich habe zugeschaut, die Zeitlupe beobachtet, wie ich das Glas der Leuchte zerschmetterte.

Noch kam mir nichts komisch vor. Weder dass ich einen unglaublichen Überblick über das gesamte Geschehen hatte, noch fiel mir auf, dass dies zeitlich gesehen alles gar nicht möglich war. Das wäre auch unvernünftig, Unmöglich halt.

Unmöglich, dieses Wort begleitet mich auch schon mein ganzes Leben. Es ist einer jener Begriffe, welcher sich für mich, im Laufe der Zeit, am meisten relativiert hat. Mittlerweile bin ich so weit, dass ich glaube, dass nichts unmöglich ist! Mein Unfall war erst der Anfang.

Du musst Dir das richtig vorstellen. So ein Unfall,

das geht extrem schnell. Man sieht das Auto und schon knallts. Doch damals hatte ich alles dermaßen im Griff wie nie zuvor in meinem Leben!

Erst jetzt fiel mir auf, wie ich mich fühlte. Und wow, das war und ist das bisher Schönste, was ich je in meinem Leben erfahren habe. Ich befand mich definitiv nicht mehr in meinem physischen Körper. Denn als ich sah, wie mein Knie den Scheinwerfer des Autos in tausend Stücke zerschlug, spürte ich keinerlei Schmerzen. Ohnmächtig kann ich nicht gewesen sein. Von einem Schlag aufs Knie wird man nicht ohnmächtig. Außerdem musste ich ja gerade hochkonzentriert meinen perfekten Absprung nicht nur planen, sondern auch performen! Und trotzdem: Ich hatte alle Zeit der Welt. ich konnte noch viel mehr tun, als nur meine akrobatische Leistung koordinieren. Dazu gleich mehr.

Ich will kurz noch einen wichtigen Punkt hervorheben: Keiner wird jemals mehr Schmerzen erleiden, die er ertragen kann. Das Zusammenspiel von Körper und Bewusstsein ist dermaßen genial, dass eine Bewusstseinsveränderung uns vor solchen Erfahrungen bewahrt. Ein Schnitt in den Finger schmerzt auf jeden Fall mehr, als wenn einem dieser ganz abgetrennt würde. Warum ist das so? Im Augenblick der größten Katastrophe löst sich das Bewusstsein vom Körper und insbesondere vom Verstand. Außerhalb davon befindet sich das, was ich die Ewigkeit nenne. In diesem, vom Körper losgelösten Zustand steht die Zeit still. Einfach so.

Das mit den Schmerzen, das können die Wissenschaftler mittlerweile verständlich erklären. Mit der massenhaften Ausschüttung körpereigener Hormone zum Beispiel. Aber was von der Wissenschaft bisher noch viel zu wenig untersucht wurde, ist: Ob es tatsächlich ein ebenbürtiges Existieren auch außerhalb des physischen Körpers gibt. Wenn das Verständnis eines Forschers eine solche Möglichkeit ausschließt, dann ist seine Sichtweise so gefiltert, dass es alles sein könnte, aber nicht das. Warum? Weil nichts sein darf, was für ihn nicht sein kann. Dann werden solche tiefgreifende Erfahrungen alleine auf die Wirkung körpereigener Drogen oder durch wildes Hirngefunke erzeugter Phantasien oder wie sie es dann nennen: Halluzination, reduziert.

Wenn wir aber genau hinschauen, dann bezeichnen die Menschen – also durchaus nicht nur die stehen gebliebenen Wissenschaftler – alles gerne als Halluzination, was für sie nicht möglich ist, das, wofür sie keine Erklärung haben. Anstatt die Forschungsergebnisse von ihren persönlichen Ansichten beeinflussen zu lassen, sollten sie sich lieber darum bemühen, ihre Vorstellungen zu erweitern. Nur weil etwas fantastisch ist, muss es noch lange nicht ‚nur' Phantasie sein!

Menschen glauben lieber einer Lüge als der Wahrheit vor allem dann, wenn sie die Wahrheit für unmöglich halten. Das heißt aber noch lange nicht, dass es nicht wahr sein kann. Wir kennen das ja: Sucht man zum Beispiel im Licht nach Wellen, weil dies dem gängigen Verständnis entspricht, dann wird man das Licht auch als Wellen finden. Sucht man nach Teilchen, weil man eben Teilchen für wahrscheinlich hält, so lässt sich Licht auch als diese finden. Länger als Wellen und Teilchen zu finden hat es übrigens gedauert, bis die Wissenschaftler unter sich einig waren, wer nun Recht hat. Es wurde zwar beides für möglich gehalten, aber nur jeweils eins von beidem und nicht beides zur gleichen Zeit. Bezüglich der Gleichzeitigkeit aller Dinge war man damls noch ziemlich hinter dem Mond. Man war eben noch nicht so weit fortgeschritten, wie man es heutzutage ist. Damals – und das ist noch gar nicht so lange her – durfte immer nur eine Antwort die richtige sein. Und bevor dieser Graben in der eigenen Vorstellung nicht überwunden werden konnten, konnten sie auch nicht beide Seiten der Münze fassen.

Viele haben diese Hürde mittlerweile gemeistert und viele moderne Wissenschaftler haben entdeckt, dass es tatsächlich im Bereich des Möglichen ist, dass Ding mit der Gleichzeitigkeit. Das nennt man dann Fortschritt! Es ist kein Fortschritt, etwas zu finden, wonach man sucht. Vielmehr ist es die Kunst eines echten Forschers, Dinge zu entdecken, welche er in keinster Weise erwartet hätte. Etwas Neues zu entdecken ist nun aber auch nicht der ultimative Fortschritt. Der ultimative Fortschritt wäre, wenn sich nicht die Wissenschaft entwickeln würde, sondern die Wissenschaftler! Nicht nur die Welt muss fortschrittlicher werden, sondern wir! Nur wenn wir Menschen Fortschritte machen, wird Fortschritt in Wissenschaft und Technik die Welt ebenfalls voranschreiten lassen und sie nicht mehr zerstören. Entwickelt sich die Menschheit nicht, dann werden wir die Welt zerstören. Wenn wir jetzt mal wirklich vernünftig und klar denken, dann erlaube man mir folgende Frage: „Kann die Welt besser ohne Menschen oder die Menschen besser ohne die Welt sein?" Aber eben, wie ich schon sagte: Was ist schon vernünftig?

Zurück zu mir. Während ich also nun so rasant über das Auto flog, spielte sich in einer anderen Welt noch etwas ganz anderes ab. Um das zu verstehen darfst Du Dein Bewusstsein, Deine Vorstellung oder Phantasie nicht begrenzen. Du musst annehmen können, dass mehrere Welten parallel existieren und vor allem, dass alle Welten real sind. Wer natürlich nur diese eine, grobstoffliche und zeitgebundene Welt für real hält, der ist als Forscher des Lebens deutlich benachteiligt. Begrenzt eben.

Ich hatte mich also damit einverstanden erklärt zu sterben. Mein Verstand hatte sich mit dem Ausruf „Oh Scheiße, jetzt ist es vorbei!" bereits vom Leben verabschiedet und sich erlaubt zu sterben. In diesem Moment geschah ein tiefgreifendes Loslassen. Das Sich-Festklammern an der Materie war mit einem Schlag beendet. Doch was darauf folgte, war und ist keineswegs der Tod! Ganz im Gegenteil sogar!

Niemals zuvor hatte ich mich so frei, so ganz, so geliebt und bewusstseinsmäßig so klar, so ruhig und so lebendig gefühlt. Ich befand mich in einer absolut zeitlosen Dimension. Zumindest kam es mir so vor. Ich

nahm immer noch alles wahr, was und wie schnell da unten doch alles einher ging, mit dem Unfall.

Ich habe mich schon in sehr jungen Jahren mit parapsychologischen Forschungen befasst. Bis heute faszinieren sie mich. Schon immer gab es Menschen unter uns, die Dinge vollbrachten, die für die Mehrheit unvorstellbar sind. Und es ist kein Wunder, zumindest dann nicht, wenn man die Funktionsweise des menschlichen Bewusstseins einigermaßen kennt, dass solche Menschen von der Mehrheit meist belächelt, gehasst, verleumdet und nicht selten sogar umgebracht werden. Dies geschieht, wenn der Mensch sich selbst und seine Realität dadurch definiert, was er nicht ist, anstatt mit dem, was er ist. Die Vorstellung des Getrenntseins führt logischerweise dazu, dass immer noch mehr getrennt wird. Am Ende kommt dann so etwas Stupides heraus wie: „Der Mensch ist die Krone der Schöpfung". Das sagen wir den Kindern im Kindergarten schon. Du bist das hübscheste Kind auf der ganzen Welt. Nur, dort wissen die meisten, was damit gemeint ist, und auch ganz genau, weshalb das gesagt wird. Würden wir jedoch ganz selbstverständlich davon ausgehen, dass – im Grunde genommen – alles Eins ist, dann würden uns unsere Forschungen in eine ganz andere Richtung führen.

Eine solche Haltung würde schnell alles unnötige Leid und auch die drohende Zerstörung unseres wundervollen Planeten beenden. Es würden keine Kriege mehr geführt und keine unredlichen Geschäfte mehr gemacht. Jeder hätte genug für alles und keiner hätte irgendeine Not, die ihn dazu zwingen würde, einem anderen Menschen etwas anzutun. Das hört sich für Dich wie ein Paradies an? Gut, warum auch nicht. Die Frage ist bloß, ob dieses Paradies auch Platz in Deiner Vorstellung von Realität hat oder nicht?!

Alles, was Du Dir vorstellen kannst, ist auch möglich und das Universum schenkt niemandem einen Traum, der nicht auch zu verwirklichen wäre!

Damals, um wieder zu dieser Sekunde zurückzukommen, die mir das Leben rettete ...

Ich war einer von denen, die viele Bücher lasen. Vor allem Bücher, in denen Nahtoderfahrungen beschrieben wurden. So freute ich mich schon irgendwie – ich war für mich ja jetzt bereits ‚tot' – auf den immer wieder vorkommenden Film des Leben, der jetzt eigentlich gespielt werden sollte. Ich freute mich darauf; endlich mal wieder ein Film ohne Werbeunterbrechung! Hoffentlich. Ich nahm mir also die Zeit und fing an mein bisheriges Leben nach „großen Taten" abzusuchen. Ich sah dies, jenes, solches und vieles andere. Aber ich fand nichts. Ich fanf beim besten Willen einfach nichts, von dem ich hätte sagen können, dass es etwas Besonderes gewesen wäre.

Enttöuschung machte sich breit. Ich sollte nun also zurück, sollte tot sein und hätte nichts vorzuweisen? Das ging gar nicht! Obwohl, ich fühlte mich trotzdem so unglaublich gut ... mit absoluter Sicherheit wusste ich, dass alles in Ordnung ist und ich wusste auch, dass ich nicht wieder in meinen physischen Körper und meine grobphysikalische Welt hinein zurück müsste ... Ja, es klingt vielleicht verrückt, aber ich erfuhr das, was die meisten wohl als Glückseligkeit bezeichnen würden. Ich nenne es lieber: die Vollkommenheit.

Ich betrachtete also mein Leben und irgendwie fühlte ich, dass ich nicht gehen kann, ohne Spuren zu hinterlassen. Würde ich jetzt hier bleiben, so wäre es, als hätte es mich ‚da unten' nie gegeben. Wenn mir die Schöpfung aber das Geschenk eines Lebens auf der Erde macht, dann will ich ihm dies auch mit ein paar Spuren von mir danken. In diesem Moment wurde mir klar, dass ich einen Auftrag habe. Ich wusste nicht, was genau das sein sollte, aber ich fühlte, dass es mich nicht bloß zufällig gibt. Und da ich nicht wusste, was das Universum – die meisten nennen es wohl eher Gott – für mich vorgesehen hatte, falls es so etwas überhaupt macht, wählte ich mir selbst eine Aufgabe. Ich wählte mir: Ich möchte der Menschheit ein guter Diener sein.

In meinem gesamten Leben war mir zu dienen immer wichtiger als zu ver-dienen. Aber genau genommen ist es dasselbe. Was man tut, wird immer auch vom Universum entlohnt. Jeder hat seinen Verdienst. Der eine mehr in Form von Geld und der andere mehr in Form von Gefühl. Keiner arbeitet in diesem Universum, ohne belohnt zu werden. Wer aber mit seinem Lohn nicht zufrieden ist, der sollte wohl besser anfangen, etwas anderes zu tun.

Das wäre sowieso die Lösung unzähliger Probleme der Menschen. Und etwas anderes ist auch mir im Laufe meines Leben ebenfalls aufgefallen:

Im Augenblick des Todes ist es nicht genug, wenn wir in unserem Leben nur Geld verdient haben.

So schwierig ein Leben hier ohne Geld ist, umso unglücklicher wirst Du sein, wenn Du eines Tages in eine andere Welt mit einer anderen Währung, ein neues Leben beginnen musst. Es wäre nicht unangebracht, Dich schon heute, auch für Deine nächste Destination, vorzubereiten. Eigentlich wäre das sogar vernünftig. Aber eben, die Vernunft. Wir hatten es ja schon davon. Es kommt bei ihr im Wesentlichen auf die Grundvoraussetzung, welche wir in unserem Bewusstsein mitbringen, an. Nur so viel sage ich: Wenn Du ins Ausland fährst, besorgst Du Dir nicht dann schon vorher eine dort akzeptierte Währung?

Natürlich geht es auch ohne vernünftige Vorbereitung. Irgendwie geht immer alles. Aber willst Du nun Urlaub machen oder gestresst und müde versuchen zu dem Zahlungsmittel zu kommen, das Dich Deinen Hunger stillen lässt? Du kannst es gerne versuchen, aber Du kannst Dir auch viel ersparen, wenn Du von meiner Erfahrung lernen willst.

Hier auf Erden kommst Du gut durch, wenn Deine Taschen voll sind. Drüben geht es besser, wenn Dein Herz voll ist. Mit leerem Herzen zu sterben ist schlimmer, als mit leeren Taschen in dieser Welt zu leben. Sobald wir diese grobstoffliche Dimension verlassen, gilt als Zahlungsmittel einzig und allein die Liebe Deines Herzens und die Größe Deines Bewusstseins. Alles funktioniert aufgrund des Gesetzes der Resonanz. Für Geld, Gold und Güter ist hier der richtige Ort. Drüben haben solche Güter keinerlei Wert.

Aber Achtung: Ich sage nicht, dass Geld schlechter wäre als Liebe, bitte nicht falsch verstehen! Ich sage nur, dass hier diese und dort drüben eine andere Währung gilt. Wie Du entscheidest gerüstet zu sein oder nicht, das ist ganz alleine Deine Angelegenheit. Aber solltest Du, wie alle anderen Menschen ja auch, früher oder später das Land jenseits des Todes besuchen – und dies vermutlich für längere Zeit –, dann bereite Dich vor. Die Währung des Landes ‚hinter dem Horizont' ist hier auf Erden um einiges leichter zu verdienen als dort!

Ich will Dir keine Angst machen, ich stelle nur fest. Schön wird es sowieso sein, auch wenn man mit leeren Händen – so wie ich in diesem verhängnisvollen Augenblick – ankommt. Aber wenn Du den vollen Genuss haben willst, dann schau, dass Du zumindest den Gegenwert für den Eintritt oder einen ‚Pass' für die Einreise mitbringst. Damit machst Du es für Dich einfacher. Es geht nicht darum, dass wir sonst in einer Hölle schmoren. Das sind nur Märchen herrschsüchtiger und gieriger Religionen. Es geht alleine darum, ob Du lieber einen Drei- oder Fünfsterne-Urlaub genießen willst.

Ich kann Dir aber schon jetzt versichern, dass Du, sobald Du dort ankommst, mit Sicherheit gerne mehr davon hättest. Bringe daher lieber ein wenig mehr Liebe mit, als Du glaubst zu benötigen, denn man weiß ja nie …

Viel Menschen glauben, dass Menschen mit Erfahrungen wie den meinigen Unsinn erzählen. Das können sie gerne glauben, aber eins müssen sie wissen: Wenn es so weit ist, dann besteht keine Verdienstmöglichkeit mehr. Was Du dabei hast, das hast Du dabei. Jeder kann selbst bestimmen, wie seine Endabrechnung sich zusammen stellt. Ich würde keinen Augenblick mit Überlegungen und Spekulationen darüber verbringen, ob es schon reicht oder nicht. Bisher hat es noch keinem je geschadet, mehr Liebe zu besitzen als er benötigt. Von Liebe hast Du nie genug, denn es ist das schönste Geschenk, das wir jemandem machen können. Und da Schenken einem selbst, als Gebendem, so viel Freude bereitet, ist nach oben alles offen. Ich kann mir nicht vorstellen, dass irgendwann keiner mehr da ist, der sich nicht über ein wenig Liebe von Dir freuen würde. Die Liebe in uns zu vermehren ist übrigens ganz leicht: Je mehr Du Deine Liebe verschenkst, desto mehr davon wirst Du erhalten. Liebe erschafft sich quasi selbst aus Liebe. Verstehst Du? Du brauchst nur ein Quäntchen Liebe und Deine ganze Welt könnte ein ‚Paradies' sein. **Der Trick ist, dass Du es wagen musst, Dein Quäntchen auch zu verschenken.**

Wenn Du beginnst zu lieben, dann potenziert sich die Liebe selbst bis ins weiteste Universum hinaus. Auf dieser

Quantenebene erschaffen wir das, was wir ‚unsere Realität' oder ‚unser Leben' nennen. Wenn Deine Welt und Dein Bewusstsein aus Liebe besteht und meine auch und wenn dies jeder einzelne Mensch auch tun würde, dann wäre das, was ich mir zur Aufgabe gemacht habe, schon bald erreicht: eine friedliche, erfolgreiche und glückliche Menschheit in einer ebensolchen Welt. Leid ist nicht zwingend notwendig, zumindest dann nicht, wenn die Menschen bereit sind, freiwillig aus ihren Fehlern zu lernen.

Ist dies nicht der Fall, dann ist Leid ein angemessenes Mittel zum Zweck. Das Universum stellt das Leben an erste Stelle. Kommt dieses in Gefahr, so ist Leid das Heilmittel, welches uns wieder auf den richtigen Pfad bringt. Sobald wir aber freiwillig den richtigen Weg beschreiten, ist die Zeit des Leidens zu Ende. Und so wie wir eines Tages ohne Leid leben werden, werden wir auch diese verrückte Idee vom Totsein hinter uns lassen.

Heute mag ich noch ein Spinner sein, wenn ich sage, dass wir nach dem Tod noch putzmunter und glücklicher als je zuvor sein werden. Aber die Zeit wird kommen, in der sich auch dies ändern wird. Für mich persönlich ist das zumindest seit jener verhängnisvollen Sekunde sonnenklar. Daher kämpfe ich nicht, verstanden oder für voll genommen zu werden. Ich berichte nur von dem, was ich erlebt habe. Das sehe ich als meine Pflicht. Wie gesagt, man kommt nicht ohne guten Grund wieder zurück, wenn man schon den süßen Duft der Glückseligkeit geschnuppert hat. Man muss nicht zurück. Man könnte auch bleiben und ganz gemütlich ‚drüben' weitermachen. Wer also von dort wieder zurückkommt, der kommt erstens freiwillig und zweitens mit einer Aufgabe.

Es ist in der Tat höchstspannend zu sehen, dass alle, alle, die je eine solche Erfahrung gemacht haben, auf die eine oder andere Art und Weise ihrem Leben einen vollkommen neuen Sinn gegeben haben. Bei mir war diese Wendung keine ganz so gravierende. Ich habe irgendwie schon immer in meiner eigenen Welt gelebt und meine eigenen Studien getätigt. Allerdings war mir damals noch nicht bewusst, welch nachhaltige Konsequenz und Ausdauer mir meine diversen Grenzerfahrungen eröffnen sollten.

Aber wie Du siehst, bin ich nach über 30 Jahren noch immer dabei zu forschen, was das Leben, was Bewusstsein und Sein wirklich ist. Wie kommt unsere Realität zu Stande und was ist überhaut Realität? Ist unser Leben real? Wenn ja, ist es die einzige Realität? Und wenn nicht, was ist Wirklichkeit? Und vor allem: Welche Möglichkeiten eröffnen sich durch das konsequente Anwenden von Erkenntnissen aus der Bewusstseinsforschung?

Sind wir nur Fleischmaschinen, von denen nichts mehr übrig bleibt, wenn wir sterben? Sind wir dann einfach ausgelöscht oder ist da noch mehr? Ist Bewusstsein eine rein körperliche und somit hirnmäßige Angelegenheit oder geht es weit darüber hinaus? Ist unser Ich an den Körper gebunden und löst es sich in Nichts auf, wenn wir sterben, oder nicht?

Solche Fragen werden jeden vernünftigen Menschen – früher oder später – beschäftigen. Ich bin nur einer von vielen, der die Antwort nicht nur intellektuell gefunden, sondern wahrhaftig erfahren hat. Und in der Essenz sagen wir alle das Gleiche: Wir sind nicht unser Körper! Wir haben einen Körper, aber wir sind viel mehr als bloß das. In der Tat sind wir viel mehr ‚Ich', viel mehr wir selbst außerhalb des physischen Körpers. Der Körper ist unser Werkzeug, unser Fahrzeug sozusagen, um diese Reise, dieses Abenteuer des Lebens in dieser Dimension überhaupt bewerkstelligen zu können.

Und all dies geschieht innerhalb einer entsprechenden Situation, im Bruchteil einer Sekunde. Ist das nicht faszinierend?

Natürlich stellte sich mir auch die Frage nach ‚Gott'. So wie alle, die sich für das Mysterium des Lebens interessieren. Dementsprechend erwartete ich natürlich auch jetzt, im Augenblick meines vermeintlichen Todes, dass mir dieser begegnen und mich beurteilen würde.

WER ODER WAS IST ALSO GOTT?

Zugegeben, der alte, weise, bärtige, weißhaarige Mann ist mir nicht begegnet. Selbst damals nicht, als ich im Licht gewesen bin.

In der Tat war ich schon ein wenig überrascht, dass ich in dieser zeitlosen Ebene so ganz alleine war. Gut, ich bin auch nicht durch einen schwarzen Tunnel geflogen, an dessen Ende ein Licht und Verstorbene auf mich warteten. Aber ich war im Licht und ich war selbst nur Licht. Allerdings in einer anderen Situation.

Zusammenfassend kann ich sagen, dass mit Sicherheit kein ‚Strafgericht' stattgefunden hat. Und obwohl da niemand außer mir zu sehen war, fühlte ich mich keineswegs alleine, im Gegenteil! Ich fühlte und wusste, dass alles, einfach alles da war und ich mittendrin. Mein Bewusstsein war zu jeder Zeit voll und ganz präsent.

Ich verfügte über eine glasklare und absolut neutrale Sicht der Dinge meiner selbst und meines Lebens. So klar, dass ich selbst wusste, was von Bedeutung gewesen ist und was nicht, und ganz genau wusste ich auch, was ich hätte besser machen können, hätte ich bloß auf mein Herz gehört!

Wir werden also nicht gerichtet, sondern wir richten uns selbst. Wir beurteilen uns ohne jegliche Bewertung selbst. Aber es ist kein Richten im Sinne von Verurteilen, sondern im Sinne von Ausrichten! Wir richten uns in solchen Augenblicken also nicht hin, sondern aus. Dieses Sich-selbst-Neuausrichten ist ein sehr befreiender Moment. Etwa so, wie wenn man nach einer gewissen Verwirrung wieder zur Besinnung kommt. Ja, es ist eine gute Beschreibung, es als ein ‚Aufwachen' zu bezeichnen.

Und echt, wach zu sein ist genial! Wenn es erst einmal geschehen ist, dann ist es schwierig, wieder ganz einzuschlafen. Also mir ist es danach zumindest nicht mehr so richtig gelungen.

Natürlich habe auch ich mich hin und wieder im Leben verloren. Habe selbst gedacht, dass Arbeiten und Geldbesitzen das Wichtigste sei. Klar, alle um mich herum haben es getan und es mir immer wieder gepredigt, Lehrer, Eltern, die Werbung und alle meine Freunde. Aber es ist mir nie gelungen, mich wirklich so sehr dafür zu interessieren, wie es nötig gewesen wäre, um das zu vergessen, was in dieser einen Sekunde geschehen ist. Schon nach wenigen Jahren, so Mitte zwanzig, konnte ich es nicht mehr verdrängen. In der Zwischenzeit hatte ich so viel Literatur verschlungen und so viele Vorträge besucht, dass ich mich entschlossen hatte, nie mehr in meinem Leben etwas anderes zu tun, als zu erforschen, was hier eigentlich vor sich geht. Woher komme ich? Wohin gehe ich? Wo und wer bin ich überhaupt? Ja, bin ich denn wirklich oder glaube ich das nur?

Mittlerweile wird wohl klar, dass ich nicht nur von dieser einen Sekunde ein ganzes Buch schreiben kann. Aber es gibt in meinem Leben viele solcher Sekunden und alles, was ich weiß und kann, ist deren Folge. Das Leben ist eine verwobene und sehr komplexe Angelegenheit. Nicht kompliziert. Kompliziert ist unser Verstand und dumm, wenn ich das mal so sagen darf.

Es sind diese einzelnen Sekunden, die einzigen ‚echten' Lebensaugenblicke, welche mein gesamtes Leben gestalteten und es offensichtlich immer noch tun. Wenn es mir gelingt, Dich einige Augenblicke in meine Welt zu entführen, Dich die Zeit und Dich selbst auch nur für eine Sekunde zu vergessen, dann hat dieses Buch seinen Dienst getan.

Als ich während meinem legendären Flug all das erlebte, habe ich zusätzlich noch meine irdischen Flugkünste beobachtet und irgendwie – so am Rande – auch miterlebt. Ja, es war schon verrückt. Aber bewusst wurde mir das noch lange nicht. Alles passierte viel zu schnell. Geprägt hat mich diese Sekunde aber mindestens wie zehn Jahre ‚normales' Leben. Das Wesentliche aber, was mir meine Erfahrungen vermittelt haben, war: Dankbarkeit. Dies nur für den Fall, dass Du das Buch nicht zu Ende liest. Nimm wenigstens das mit auf Deinen Weg:

Es ist so schön, dass es Dich gibt!

Zu leben, leben zu dürfen, das ist alles andere als selbstverständlich. Du kannst so dankbar dafür sein, dass es Dich gibt, dass alleine dadurch es Dir möglich sein kann, Deinem Leben eine komplett andere Richtung zu geben. Einerlei wie schlecht es Dir heute gehen mag, Dankbarkeit vermag Dein Leid mit Sicherheit sehr zu lindern oder gar zu heilen. Die Kraft solcher Dinge wird praktisch von allen Menschen verkannt. Denke an meine Worte. Spätestens dann, wenn Du alles andere erfolglos versucht hast. **Gib also niemals auf, bevor Du es nicht auch mit Dankbarkeit versucht hast.**

Ich glaube, dass ich diese Dankbarkeit schon von Geburt an besaß. Allerdings könnte es auch sein, dass ich diese, erst bei meiner ersten Expedition so richtig entdeckte.

MEINE ERSTE EXPEDITION

Ich erzähle deswegen nicht viel über meine erste Expedition über den Tellerrand irdischen Daseins, weil ich bis heute davon nur wenig in mein Tagesbewusstsein hinüberretten konnte. Gut, vielleicht ist das normal, denn als ich mich damals verbrannte, war ich gerade mal 14 Monate alt. Ein kleines Kind, welches gerade erst lernte, wie man läuft, und dementsprechend auch immer alles Erreichbare untersuchen musste.

Damals war ich in der Küche, so erinnere ich mich. Un da war dieser spannende Zettel dort oben auf dem Tisch. Mami beschäftigte sich täglich damit, dann musste es ja interessant sein. Ich griff danach und zog kräftig an ihm.

Doch leider war der Tisch ein Kochherd und der Zettel die Etikette an einem Topf mit kochendem Wasser. So kam es, wie es kommen musste. Was danach, im künstlichen Koma und angehängt an allen möglichen Schläuchen geschah, daran kann ich mich nicht mehr erinnern, leider. Aber ich bin mir ganz sicher, dass dieses Ereignis etwas in mir hinterlassen hat. Vielleicht war es Dankbarkeit. Das vermute ich.

Ich habe mein Leben niemals für selbstverständlich gehalten. Und auch wenn ich mich selbst nicht verstehe, so fühle ich doch, dass ich, das Leben an sich, und somit auch jedes Lebewesen, etwas ganz, ganz Besonderes ist. Das Ganze ist so faszinierend! Auch wenn ich erst ein Staubkörnchen des endlosen Sandstrandes zu sehen mag, ich bin dennoch extrem auf jeden Augenblick gespannt, was er wohl bringen wird. Es ist so viel mehr möglich, wenn wir unser Bewusstsein für andere Dimensionen öffnen. Da ist eine Fülle, die so unglaublich satt und spürbar ist, dass man darin zu schwimmen, ja, zu ver-schwimmen glaubt. Das, was die meisten Menschen hier in der Regel als ihr Leben empfinden, ist dagegen so leer, dass es kaum auszuhalten ist. Aber wenn man diese Fülle und diese bewertungsfreie Liebe nur ein einziges Mal erlebt und gefühlt hat, dann können wir sie auch hinübernehmen und uns das gesamte Leben an ihr orientieren.

Das ist auch damit gemeint, wenn ich sage: Orientiere Dich stets nach Deinem Innersten.

Diese Welt der Klarheit, der Liebe und des Friedens ist unser wahres Ziel, unsere Heimat, wenn ich das mal so sagen darf. Von dort kommen wir alle her und dorthin werden wir auch alle wieder zurückkehren. Früher oder später. Dorthin, wo eine Sekunde die Ewigkeit bedeutet.

Ich könnte es auch so beschreiben: Diese Welt hier, welche wir ‚das Leben' nennen, ist wie eine grobpixelige Version jener jenseitigen Ebene, in welcher alle Wahrnehmungen und alles, was da ist, quasi in 5 HD erlebt wird. In diese Welt, in diese Matrix hier einzutauchen ist wie in eine Welt mit zähem Nebel und abgedämpften Empfindungen oder noch besser, wie in großer Tiefe unter Wasser zu leben.

Klar zu sein oder klar zu Sein erhält eine ganz andere Bedeutung. Klar ist richtig klar. Augen wie ein Adler, Weite wie ein Universum und Wohlfühlen in höchster Potenz. Einfach nur absolut. Alles, was ist, besteht zu 100% ohne irgendetwas dazwischen. Kein Nebel und nicht mal Luft. Einfach nichts zwischen uns und dem, was wir gemeinhin als das ‚Außen' bezeichnen.

In der ‚normalen' Welt zu leben ist vergleichsweise eine ziemlich schwere Angelegenheit. Nicht nur wegen den physikalischen Bedingungen und Bedürfnissen, sondern besonders wegen der ständigen Angst, die uns hier permanent begleitet. Das belastet. Bewusst oder unbewusst, aber sicher jeden von uns. Wir fürchten, dass wir leidvoll sterben. Wir wissen nicht, wie und ob es danach weitergeht. Oder uns ängstigt beides. Wie schwer psychischer Druck tatsächlich wiegt, das konnte ich mir vor meinen vielen einschneidenden Erlebnissen auch nicht vorstellen. Aber heute sehe ich es. Klar und deutlich. Es ist vergleichbar, wie sich durch ein ganzes Leben mit drei Säcken gefüllt mit Steinen auf dem Rücken hindurch zu schleppen. Keine Möglichkeit der Erleichterung weit und breit. Man trägt sie. Immer. Und atmen in etwa so einfach wie mit einer aufgesetzten Gasmaske. Es ist also nicht verkehrt, sich darauf zu freuen, aus dieser schweren Welt in eine so leichte, neue und unmittelbare Dimension umzusteigen.

HIMMEL ODER HÖLLE?

Diese Frage stellt sich wohl jeder, der vermutet, dass es nach dem Tod weitergehen könnte: Lande ich im Himmel, im Para-Dies (para = ähnlich Dies = Dieses folglich: Dem was ähnlich ist wie das, was hier ist - meine freie Übersetzung) oder lande ich in der Hölle?

Spätestens bei dieser Frage angekommen, wärst Du froh, niemals einer Religion auf den Leim gekrochen zu sein. Ich denke, dass Religionen Verstandeskonzepte sind, die zur Erhaltung und Gewinnung von Macht einmal konzipiert wurden. Und natürlich nicht von ausgewählt liebevollen Menschen. Ja, es ist ein Verbrechen, der Menschheit solche Ängste einzupflanzen. Es ist ein gewaltiges Verbrechen. Am Ende fürchten sich sogar die Gläubigen vor ihrem selbstgeschaffenen Gott. Wenn Du dies oder jenes getan oder unterlassen hast, je nachdem ... blüht Himmel oder Hölle. Nun rate mal, wie es den meisten Menschen damit geht? Genau, vermutlich genauso wie Dir. Es ist nicht möglich, bei so vielen Geboten, Verboten und Verhaltensregeln, wie sie von scheinbaren ‚Göttern' oder ‚Propheten' erstellt und gefordert werden, ohne Schuld - und somit ohne Angstgefühle durch ein irdisches Leben zu kommen. Von Anfang an ist damit schon klar, wo die meisten Menschen landen werden.

Hier stellt sich nun die berechtigte Frage, ob das wohl genau so geplant ist. Irgendwelche Wesen scheinen also innerhalb der irdischen Matrix ein künstliches Jenseits installiert zu haben, aus dem es kein Entrinnen geben sollte. Ja, Seelen können sich in ihr verfangen und auf lange Zeit an eine Wiedergeburt auf derselben Ebene gebunden werden. Ich weiß, für manche klingt dies verrückt, ich möchte es daher gleich erklären:

Dieses Gefängnis befindet sich irgendwann im Bewusstsein. Nicht nur im Verstand des Menschen. Wenn wir etwas lernen, dann hat das noch keine große Wirkung auf unser Leben. Aber wenn wir etwas glauben, dann hat es unser Bewusst- respektive Unterbewusstsein erreicht und jetzt, jetzt wird es extrem wirksam und äußerst effizient. Daher heißt es, dass der Glaube auch Berge versetzen kann.

Ja, er kann sogar Welten versetzen! Du kannst das gerne mal selbst überprüfen. Mache einfach Folgendes:

Bevor Du das Haus verlässt, denke, dass alle Menschen liebe- und wundervolle Wesen sind. Denke den ganzen Tag daran und erlebe, wie die Welt, Deine Welt, sich dementsprechend verändert. Du kannst das – wenn Du mutig bist – auch mit dem Gegenteil machen. Danach wirst Du bestimmt darauf achten, was Du denkst. Zumindest weißt Du dann, dass das, was Du denkst, eine unmittelbare Wirkung zeigt.

Jetzt stell Dir mal vor, wie es ist, wenn man etwas wirklich glaubt?! Wenn man felsenfest von etwas überzeugt ist?! Ich sage Dir, da gibt es kein Entrinnen mehr aus dieser Matrix. Denn Überzeugungen sterben nicht. Nicht mit dem Körper und auch nicht mir dem Verstand. Auch wenn das physische Gehirn tot ist, bleiben die Überzeugungen in Deinem Bewusstsein bestehen. Somit bist Du auch nach dem Tod noch immer ein Gefangener. Ein Gefangener Deines eigenen Glaubens.

Für jene, die nicht an ein Leben nach dem Tod glauben, ist das kein Problem. Das Leben läuft dann ohne diese Ängste. Allerdings schon dumm, wenn man dann nach dem Motto gelebt haben sollte: Nach mir die Sintflut ... und gar nichts bedacht hat. Dann könnte es wohlmöglich doch zu größeren Überraschungen kommen. Plötzlich muss man dann erleben, dass man trotzdem noch existiert.

Aber man kann ja schnell umdenken und sich den neuen Gegebenheiten und auch Möglichkeiten anpassen. Zumindest, bevor einen der Sog wieder zurück ins hiesige Leben zieht. Ich hoffe, es ist verständlich, wie ich das meine?

Meiner Meinung nach ist es nicht so, dass dies oder jenes wahr oder so sein muss. Aber es kann so oder anders sein, je nachdem. Je nachdem, was einer wirklich glaubt. Man beschreibt dieses Prinzip auch mit dem Satz: „Überzeugung erschafft Realität." Man sagt auch, dass Energie – und die sendet jeder von uns aus, wenn wir denken und an etwas glauben – immer der Aufmerksamkeit folgt. Wenn man jetzt noch weiß, dass Aufmerksamkeit zum Ziel und auch wieder zum Ursprung, also zu mir, zurückkommt, dann gilt es nur noch eines zu berücksichtigen: Dort, wo sie war, lädt sie sich mit Information auf, die dort vorhanden ist. Somit bringt sie also immer noch mehr von dem mit, woher sie gekommen ist und worauf sie gerichtet war.

Dies ist für viele ein höchst unbewusster Prozess. Dennoch, es scheint so zu funktionieren. So macht die altbekannte Aussage auch einen gewaltigen Sinn: „Wer hat, dem wird gegeben." Und zwar genau von dem, was er hat. Richtet sich meine Aufmerksamkeit also aus Angst irgendwo hin, dann hilft auch kein positives Denken mehr. Denn die Energie, Deine Energie, fließt auch immer entlang Deiner individuellen Wahrheit.

Auch Energie folgt gewissen Gesetzmäßigkeiten. Wie denn sonst sollten wir bestimmen können, wohin die Wellen (Energie) eines Mobiltelefons zu gehen haben? Auch unsichtbare Kräfte verhalten sich nach bestimmten Parametern. Da ist der Mensch keine Ausnahme. Und ganz ehrlich gesagt, solche Dinge einfach zu ignorieren ist nicht die weiseste Entscheidung. Es muss schon jeder selbst entscheiden, in welche Lage man sich künftig bringen will. Immerhin haben wir ja ein Quäntchen freien Willen.

Während ich das gerade erkläre, ist mir bewusst, dass Du auch meine Worte dazu verwenden kannst, Dich vor etwas zu fürchten. Auch mit meinen Worten kannst Du Dir ein geistiges Gefängnis bauen. Auch wenn das ganz sicher nicht meine Intention ist. Meine Intention ist es, Ängste bewusst zu machen, nicht sie zu erzeugen. Und mehr noch: In meinen Seminaren zeige ich immer auf, wie man diese Ängste auch integrieren und somit unwirksam machen kann. Ich verweise niemals an irgendeine äußere Instanz, welche Dich befreien kann. Eine solche kenne ich noch nicht einmal. Für Dein Leben bist alleine Du selbst verantwortlich. Keiner wird Dich erlösen, außer Du Dich selbst. Die Frage ist nur: Wann Du es tun wirst?

Solltest Du aber Deine Ängste los werden wollen und lediglich nicht wissen wie, dann wende Dich gerne an mich oder an jemand anderen, der weiß, wie man mit solchen Dingen korrekt umgeht. So, dass auch Du Deine Ziele erreichen kannst. Insofern sage ich in der Tat, dass alles möglich ist. Wie heißt es doch so schön: „Alles ist möglich dem der glaubt." (Mk 9.23)

Solche Aussagen sind nicht grundsätzlich religiöser, sondern eher wissenschaftlicher Natur. Man kann eben alles Wissen auch verdrehen und missbrauchen. Man kann es aber auch sinnvoll nutzen! Am besten zum Nutzen aller. Vermutlich ist das auch der Grund, weshalb Personen, die solche Nahtodeserfahrungen gemacht haben wie ich, sich danach auch meist für die Menschen einsetzen. Sie glauben nicht nur, dass wir alle eine Familie sind, sondern sie wissen es aus eigener Erfahrung. Sie sind zu hundert Prozent davon überzeugt. Das verändert ihr Leben. Grundsätzlich. Nicht unbedingt eine Erfahrung mit ‚Gott', sondern die Begegnung mit sich selbst! Nur was man vor sich selbst verantworten kann, ist echt. Nur Verhaltensänderungen auf Grund von Erfahrung, haben Bestand. Nur was wirklich von innen kommt, ist langfristig wirksam und echt. Von außen kannst Du nicht erwarten, dass eine Lösung kommt. Die Hoffnung, dass da einer kommt und unsere ureigene Arbeit erledigt, die kannst Du gerne vergessen.

Nicht das es solche nicht gäbe. Aber sie dürfen es nicht. Sie würden es auch nicht. Sie wissen ganz genau, dass ihre Hilfe zu nichts führen würde. Entwicklung ist nur dann möglich, wenn man alle nötigen Schritte selbst geht. Das macht doch Sinn, oder? Auf jeden Fall mehr Sinn als den Menschen – seit Tausenden von Jahren übrigens – zu sagen, dass sie auf den ‚Erlöser' warten sollen.

Das Warten wird nie ein Ende nehmen. Und dennoch, der Plan geht auf. Warum? Weil die Menschen, während sie warten, sich nur die Zeit mit Dingen vertrödeln, die keinerlei Wichtigkeit besitzen. Klar, sie versuchen gute Menschen zu sein, das heißt freundlich, nett und so gut wie möglich angepasst. Aber ob das reicht? Ich glaube nicht.

Das Leben ist viel zu schnell vorbei! Plötzlich hat man es vor dem Fernseher und mit Arbeit verbracht und nichts von alldem verstanden, wovon ich und viele andere unaufhörlich berichten: Wissen! Wissen das jetzt ganz dringend benötigt wird. Aber ob jetzt die Zeit noch reicht? All das zu erforschen und vor allem auch umzusetzen? Leider nein. Daher ist es nie zu früh und schnell zu spät, um sein Leben mit Oberflächlichkeiten zu verbringen. Eines ist gewiss, mit der Jagd nach Geld, Rum und Macht oder stets auf der Flucht vor irgendwelchen Gefahren ist das Leben nicht das, was es sein könnte.

DIE LETZTE FRAGE

Wie ich bereits sagte, dauert so eine Sekunde eine gefühlte Ewigkeit. Aber in Wirklichkeit ist es eben nur der Bruchteil einer Sekunde. Drüben ist jeder Augenblick eine Ewigkeit. Es kommt also nicht darauf an, wie lange man drüben war. Aber egal wie kurz Du dort gewesen bist, es ist immer lang und doch zu kurz. Zumindest wenn man wieder zurückkommt.

Manche sagen – und das meinen sie vermutlich sinngemäß – dass ein Jahr drüben 1000 Jahren hier auf Erden entspricht. Dies würde auch eine mögliche Erklärung dafür sein, dass höhere Wesen nicht eingreifen. Nach menschlichem Erfassen wäre die Zeit dafür schon längst reif. Die Luft ist verpestet, das Wasser verseucht, unzählige Tierarten ausgestorben und der Mensch wäre eigentlich der Nächste in dieser Folge. Aber es scheint doch noch genug Zeit dafür zu sein, dass wir das Ruder herumreißen. Zumindest könnten wir das. Gut, es wäre wohl im letzten Moment dann gewesen, aber das ist ja nicht die Frage. Die Frage ist: Werden wir es auch tun? Ich hoffe, dass es nicht unsere letzte Frage. Aber ich bin zuversichtlich. Du liest ja zumindest dieses Buch. Das ist schon mal ein gutes Zeichen.

So wie Du beschäftigen sich immer mehr Menschen mit den wesentlichen Dingen des Lebens. Genau diese Menschen wie Du sind es, die das Ruder dieser Welt wieder neu ausrichten werden. Wir brauchen uns keine Sorgen um jene zu machen, die uns und Dich deswegen belächeln oder gar angreifen. Setzen wir uns lieber weiterhin für sie ein, denn sie wissen nicht, was wir tun und wie wichtig das auch für sie ist.

Was sie selbst tun, das wissen sie. Und sie ärgern sich. Sie ärgern sich, weil sie genau wissen, dass sie nichts Wesentliches tun. Sie sind zu bequem, zu antriebslos dafür, das Leben in all seinen Facetten zu erforschen und zu erleben. Sie wissen haargenau, dass sie der Trägheit erlegen sind, und weil sie das nicht zugeben wollen, kämpfen sie lieber gegen jene, die sie daran erinnern. Das ist ganz normal. Das weiß jeder halbwegs versierte Psychologe. Wer einen an die eigenen Fehler erinnert, der wird schnell zum Feind. Klar, wer aufsteht, ist immer eine gute Zielscheibe!

Doch vom dauernden Buckeln gibt es einen Buckel. Sei also nicht überrascht, wenn der eine oder andere von seiner Last erdrückt oder gar gebrochen wird. Keiner könnte das auf ewig ertragen und manchmal ist schon ein Leben lange zu viel. Dann gehen sie verschnaufen. Verbringen einen Augenblick – wie lange auch immer dieser dauern mag – dort drüben, um sich auszuruhen. Um sich vielleicht nochmals zu erinnern, wozu das Leben ihnen eigentlich dienen soll. Dann kommen sie zurück und nehmen das Leben erneut in Angriff.

Die meisten scheinen jedoch vergessen zu haben, was sie drüben gelernt haben. Sie drehen lieber Runde um Runde in einem Kreislauf, welcher in Indien ‚Samsara', das Rad der Wiedergeburt, genannt wird. Vielleicht tröstlich zu wissen, dass auch diese Menschen sich eines Tages wieder erinnern werden. Ganz sicher.

Bei Kindern auf der ganzen Welt beobachten wir das gerade. Überall tauchen Kinder auf, die wundersame Dinge vollbringen und ein Wissen besitzen, welches sich mit jedem Wissenschaftler messen kann. Kleine Wunderkinder sozusagen. Zuhauf! Wenn das so weitergeht, dann wird die gesamte Erdbevölkerung in ein bis zwei Generationen eine vollständig neue sein. Überfüllt von wesentlichen Wesen. Wesen, welche der Bezeichnung Mensch wieder gerecht werden. Denn Menschsein war nie als Zustand, sondern als Aufgabe gedacht. Ein richtiger Mensch ist man erst dann, wenn man menschlich geworden ist. Menschlich im Sinne von einfühlsam, mitfühlend, friedlich und immer im Dienste des Nächsten. Dann wird klar, dass wir nur entweder zusammen oder gar nicht es schaffen werden. Was schaffen? Das wir es nur gemeinsam schaffen werden, uns aus der Matrix der Drei- und Vierdimensionalität zu befreien um Teil einer größeren Gemeinschaft zu werden.

Es wäre also nicht verkehrt, sich die ‚letzte' Frage frühzeitig zu stellen. Am besten in Ich-Form! Werde ich das Ruder ergreifen und meinen Kurs korrigieren? Und wenn ja, wann? Oder wird es sich so zutragen, wie es das meistens tut? Wird zuletzt keiner das Ruder ergreifen? Theoretisch ja, sicherlich viele. Aber auch praktisch? Die meisten mögen denken: Ja klar, jetzt pack ich's an und ändere was. Aber meist bleibt es ja leider bei dem Vorsatz, die Umsetzung lässt auf sich warten.

In Marketingkreisen gilt die sogenannte 72-Stunden-Regel. Diese besagt, dass, wenn man nicht bis spätestens 72 Stunden nachdem man eine gute Idee hatte, in Aktion tritt, die Idee gestorben ist. Ebenso verhält es sich auch mit Entscheidungen die man über persönliche Veränderungsvorhaben trifft. Der Moment eines Geistesblitzes bringt Energie. Setzt man diese Energie aber nicht in Taten um, wird sie bereits schon nach wenigen Tagen wieder verpuffen. Man muss diese Energie dazu verwenden, etwas zu tun, sonst wird der Impuls und die Begeisterung nicht ausreichen, um uns irgendwann später in Bewegung zu bringen. Auch wenn dann irgendwann später die nächste Gelegenheit kommen sollte, werden wir uns höchst wahrscheinlich wieder genau so verhalten wie immer.

So werden wir zwar älter, aber nie reifer. Die letzten paar tausend Jahre zumindest zeigen das. Wir verwenden immer noch alles mögliche nicht zum Wohle von uns Menschheit, sondern als Waffe gegen uns. Es reicht eben nicht, wenn nur technische, intellektuelle und wirtschaftliche Entwicklung geschieht. Technischer Fortschritt ohne Charakterbildung endet immer in einem Desaster. Es liegt in unserer Verantwortung, unreife Menschen nicht mit gefährlichen Technologien in Versuchung zu bringen. Daher sollten Länder nicht in Obhut von Politikern sein, sondern in der Hand eines oder mehrerer Weisen. Wir haben genügend weise Menschen, genügend Menschen, welche von Liebe und nicht von Angst geleitet sind. Sie verfügen über Charakter und würden niemals, aus keinem erdenklichen Grund, Kriege führen. Das wäre Fortschritt.

Als kleiner Junge habe ich mich schon gefragt, weshalb es überhaupt Kriege, Leid, Krankheit und dergleichen gibt. Selbst wenn ich einen Boxkampf im Fernsehen sah, quälte mich die Frage, weshalb sich da zwei Menschen Schmerz zufügen. Was soll das denn und was soll daran bitte lustig sein? Gut, damals konnte ich mir nicht vorstellen, dass es Menschen gibt, die Schmerz lieben und genießen. Für mich war das nicht vorstellbar. Ich glaube, selbst heute noch nicht, dass das Leben dazu gedacht ist. Aber ich kann mich auch täuschen ...

ALLES TÄUSCHUNG ODER WAS?

Viele Dinge, von denen ich spreche, lassen sich leicht in die Ecke von Einbildung verbannen. Man kann sie auf das mysteriöse, unerklärliche, unkontrollierte und wilde Funken in meinem Gehirn oder auf die Wirkung körpereigener Drogen (Hormone) schieben, die in solchen Notfällen in großer Menge ausgeschüttet werden. Aber mal ehrlich: Auf mich wirkt das immer so, als ob man sagen würde: „Ich habe keine Ahnung. Ich weiß es nicht." Das scheint jedoch nicht über die Lippen der lauthals kritisierenden gehen zu wollen.

Die einfachste Variante bleibt eben immer noch festzustellen: Der Spinnt! Alles nur Einbildung! Alles nur eine

Täuschung. Dann muss man sich zumindest nicht mehr mit meinen Thesen, Gedanken und Erkenntnissen auseinander setzen. Aber was würde es denn schaden, trotzdem mal quer zu denken? Wir werden uns alle früher oder später sowieso mit der Tiefe unseres Lebens befassen müssen. Spätestens dann, wenn wir sterben. Dann wird vieles wieder real, was jetzt noch als Fantasie gilt.

Praktisch alle Sterbenden sehen verstorbenen Familienangehörige zuvor an ihrem Bett. Ihre Seele, ihr Wesen löst sich langsam von dieser materiellen Ebene und ihr Bewusstsein beginnt sich wieder auszudehnen. Je größer das Bewusstsein, desto weiter reicht auch die eigene Wahrnehmung. Natürlich klingen die Berichte manchmal so phantastisch, dass man sie wirklich kaum glauben kann. Aber das bedeutet nicht automatisch, dass es sich bloß um Hirngespinste handelt!

Damals, als ich mich wie ja eingangs schon erzählt, sehr für den Tod interessierte, las ich ein Buch der Sterbebegleiterin und Forscherin Elisabeth Kübler-Ross. Für mich ist sie eine Pionierin in Sachen Nahtodforschung. Ihre Berichte zeigen deutlich, dass sich all die Erlebnisse von sterbenden Menschen nicht um Einzelphänomene handeln. So ähnlich wie all diese Berichte weltweit sind, ist es schwer zu glauben, dass diese besonderen Erlebnisse alle sich nur zufällig ergeben sollen.

An Zufälle glaube ich nicht. An Fantasie glaube ich und je klarer mir das Ganze hier wird, desto realer wird sie.

Mittlerweile glaube ich, dass beinahe alles möglich ist. Ich habe in meinem Leben oft genug erlebt, dass Dinge möglich wurden, die ich für unmöglich hielt. Ich werde mich daher nicht durch ein absolutes Urteil einschränken. Ich möchte offen für alles sein auch wenn es bedeutet, von anderen nicht ernst genommen zu werden.

Solange es uns kümmert, was andere von uns denken, werden wir uns auch nie erlauben, authentisch zu sein. Bewusstsein beginnt sich immer gemeinsam mit Authentizität zu entfalten. Daher beobachten wir wachsendes Bewusstsein bei Kindern und Sterbenden am deutlichsten, zu einem Zeitpunkt, wenn keinerlei Gründe bestehen, nicht authentisch zu sein. Als Sterbender wie auch als Kind kümmert man sich kaum darum, wie man vor anderen dasteht. Das ist die Basis zur persönlichen Entfaltung und Erforschung erweiterten Bewusstseins. Was ich auch deutlich beobachten kann ist, dass Menschen, welche sich mit Bewusstsein und dem Leben selbst wirklich tiefgehend befassen, deutlich langsamer altern als andere. Es scheint mir, als würde auch hier die von uns ausgesendete Energie – wie oben beschrieben – Entsprechendes zu uns zurückbringen. Sich mit dem Leben wirklich zu befassen und sich auch wirklich für die tiefen Zusammenhänge zu interessieren, verbindet uns direkt mit dem Strom des Lebens. Der sogenannte Jungbrunnen könnte also tatsächlich existieren. Allerdings mit ziemlicher Sicherheit nicht irgendwo da draußen, sondern tief in uns drinnen.

DER JUNGBRUNNEN

So gesehen ist also nicht alles, was unglaublich klingt, auch gleichzeitig unmöglich. Ich kann mir sehr gut vorstellen, dass, wenn man wieder voll mit dem Leben in Verbindung ist, auch tatsächlich Unsterblichkeit erreichen kann. Auf anderen Ebenen, wie jene, in welche ich damals hineinkatapultiert wurde, da ist sofort klar, dass Sterben in jenen Dimensionen des Seins nicht vorgesehen ist.

Der Mensch selbst ist dieser ‚Brunnen' und je näher dieser Brunnen der Quelle kommt, desto frischer und lebendiger ist das Wasser. Und wie wir auch schon alle gehört haben, steht und fällt unser irdisches Dasein zur

Hauptsache mit dem Wasser. ‚Wasser' darf hier gerne auch symbolisch interpretiert werden. Wasser ist nur ein anderer Begriff und eine spezifische Manifestation von ‚Lebensenergie'. Deshalb: „... hören wir nicht auf zu spielen, weil wir alt sind, sondern wir sind alt geworden, weil wir aufgehört haben zu spielen."

Eine Sekunde und Du siehst, wie viel Information darin enthalten ist. Wenn man in der Überzeugung lebt, dass es nach dem Leben erst richtig losgeht und dies bis in alle Ewigkeit, dann kannst Du Dir sicher gut vorstellen, dass man sich im hier und jetzt gut überlegt, worauf man sich selbst ausrichten möchte. Daher werten Menschen wie ich die Dinge in ganz anderer Art und Weise. Dinge wie Geld, Macht und Ruhm verlieren da schnell an Attraktivität. Werte wie Nächstenliebe, Friedfertigkeit, Mitgefühl und Gemeinschaftssinn gewinnen an Wert. Alles, was man tut, unterstellt man fast schon automatisch diese einen Prämisse. Ich sage nicht, dass man danach Geld, Ruhm und Macht nicht genießen oder besitzen kann oder darf. Auch Geld zu verdienen und seine Rechnungen zu bezahlen – Geld also als Mittel zum Zweck zu verwenden – ist genauso legitim wie seine eigene Macht zu leben. Macht muss nicht unbedingt nach außen gelenkt werden, um andere zu beherrschen, man kann sie auch für statt gegen etwas einsetzen.

Eines ist sicher: Ruhm, Macht und Geld sind nie die Grundlage für bewusste Menschen. Sie werden nie ihr Handeln von solchen Motiven bestimmen lassen.

Es geht ab einem bestimmten Punkt der Entwicklung einfach nicht mehr ums Haben, sondern ums Sein. Nicht, was man hat ist wichtig, sondern was man ist. Dementsprechend lebt man dann auch.

AUGENBLICKE ZWISCHEN SEKUNDEN

Was wir oft vergessen, ist, dass unser gesamtes Leben eine Aneinanderreihung von Sekunden ist. Und immer wieder, auch ohne dramatische Unfälle und dergleichen, leuchten zwischen diesen Sekunden kleine, spezielle Momente auf. Jeder kennt sie, auch Du. Diese zeitlosen Augenblicke, die man erst realisiert, nachdem sie schon wieder vorbei sind. Diese Augenblicke in denen man sich fragt: Wo war ich gerade eben? Oder kennst Du ‚Dejavu-Momente', in welchen man ganz sicher ist, dass man sie schon einmal erlebt hat?

Du atmest ein und Du atmest aus. Die wenigsten bemerken den Punkt dazwischen. Den Augenblick, an dem man weder ein- noch ausatmet. Genau dort tut sich eine neue Welt auf. Dazwischen. Wir denken. Ein Gedanke folgt dem anderen. Aber stopp! Dazwischen befindet sich ein Moment der Ablösung. Immer. Ein winziger Punkt der Stille. Und egal mit welchem Beispiel wir nun weitergehen, es geht immer um denselben Punkt. Der losgelöste Augenblick zwischen zwei Aktivitäten. Jener Moment, in welchem sich immer eine neue Welt mit ihren großartigen Möglichkeiten öffnet. Eine winzige Sekunde, aber eine, die man nicht übersehen sollte. Vor allem dann nicht, wenn man wirklich mehr vom Leben will. Überall, wo es zwei Möglichkeiten gibt, befindet sich auch ein Punkt der Mitte. Einerlei nach welcher Lösung wir suchen, die Antwort wartet immer dort! Im losgelösten Augenblick der absoluten Gegenwart, dort liegt die Lösung. Dort geht das Leben erst richtig los! Losgelöst von der Unfreiheit der gegensätzlichen Möglichkeiten.

Wer es schafft, von Augenblick zu Augenblick, von Sekunde zu Sekunde zu leben, der lebt – und das nicht nur subjektiv in einer komplett anderen Welt. Eine neuartige Welt, in welcher die üblichen Gesetzmäßigkeiten keine alleinige Gültigkeit mehr besitzen. Ein solcher Mensch, das kann ich mir nicht anders vorstellen, lebt ununterbrochen in einer Art Glückseligkeit. Denn er lebt in und aus der Stille. Dort, wo kein Leid existiert, keine Begrenzungen und wo alles leicht ist. Die Schwere des menschlichen Körpers, die Negativität alltäglicher Gedanken, all dies ist in solchen Momenten komplett verschwunden.

DER TOD

Der Tod ist nichts, was es zu fürchten gilt. Er ist bloß eine Sekunde. Allerdings eine, von welcher man nicht mehr zurückkommt. Ich sage nicht, dass man von dort nicht zurück kann, aber ich verstehe jeden, der dies nicht tut.

Meine Erfahrung mit dem Tod hat mir das zumindest gezeigt. Der Tod ist so schön, dass es einen unglaublichen Willen oder Grund braucht, um von dort wieder zurück zu wollen. Ich unterstreiche also, dass die ‚Toten' deswegen ‚tot' bleiben, weil sie es sein wollen. Ich bin mir schon im Klaren darüber, dass das von dieser Seite des Lebens unverständlich klingt. Aber von drüben sieht das Ganze komplett anders aus. So, wie auch ein Träumender nicht ans Erwachen denkt, denkt man drüben genauso wenig an das, was hier ist und was man hier möglicherweise zurücklässt. Vielleicht die Zeit? Das weißt Du selbst, sie existiert nicht. Vor allem dann nicht, wenn man völlig in einem Augenblick eintaucht. Daher vergisst man in Augenblicken des Todes oder der Todesmöglichkeit gerne mal die Zeit. Auch für länger. Auch mal für viel zu lang, als das unser physische Körper noch auf uns warten könnte.

Du siehst, das Schreckgespenst ‚Tod' kommt bei mir nicht allzu dramatisch daher. In dieser Art betrachtet verliert er einfach seinen Schrecken. Gravierend ist der Tod nur für die Lebenden. Und wenn man sich vor ihm fürchtet, dann vermag er unser gesamtes Leben fernzusteuern. Du stimmst mir sicher zu, wenn ich behaupte, dass es keine allzu berauschende Aussicht ist, das ganze Leben mit der Angst vor dem Tod zu verbringen, oder? Eben! Daher ist es wirklich essentiell, den Tod nicht zu fürchten! Erst dann öffnet sich einem das Leben in seiner ganzen Pracht. Man genießt schließlich auch kein Essen, wenn man immer befürchten muss, dass irgendwo ein tödlicher Erreger auf uns lauert! Und genau aus diesem Grund sollten wir zu Lebzeiten auch diesem endlosen Schrecken ein Ende setzen. Dann werden wir das Leben genießen!

Und wenn ich eins gelernt habe, dann dies:

Das Leben ist wundervoll!

Kein einziger Augenblick hier auf Erden ist selbstverständlich! Durch den ‚Tod' habe ich den Wert des Lebens gefunden. Ich durfte entdecken und erfahren, wie es ist, dass man überhaupt ein lebendes Wesen ist. Ein sogar unsterbliches lebendiges Wesen! Einerlei wie unser Leben auch aussehen mag, schon alleine der Umstand, lebendig zu sein, entschädigt für alles Leid, welches man auch immer erlebt.

Es ist natürlich grausam, wenn Kinder an Hunger sterben und junge Menschen ihr Leben in sinnlosen Kriegen hergeben. Nicht umsonst habe ich deswegen auch ein Kinderhilfswerk gegründet. Aber selbst dieses Leid – und das glaube ich zu wissen – wird eines Tages nicht mehr der Rede wert sein. Es ist eher so wie beim Zahnarzt: Bevor man ihn aufsucht, leidet man unglaubliche Qual. Aber wenn der Zahn gezogen ist, dann ist das wie ein Wunder. Eine Erlösung. Doch schon wenige Tage später kann man sich diesen gerade noch so realen Schmerz kaum mehr vorstellen. Und nach ein paar Jahren hat man diesen gar komplett vergessen und weiß nicht einmal mehr, dass man damals fast an dieser Qual krepiert ist. Und jetzt multipliziere das mal die Ewigkeit und Du weißt, was ich meine.

Selbst der Tod wird uns also nicht umbringen!

Interessanterweise führte mich diese Erfahrung, vielleicht gerade deshalb, weil sie nicht bloß Theorie gewesen ist, nicht zu einer abgestumpften Haltung gegenüber dem Leid der Menschen oder auch dem Leid der Tiere, sondern eher zu einer Entschlossenheit, etwas gegen dieses Leid unternehmen zu wollen. Zu erfahren, dass Schmerz und Leid nicht für immer sein werden, ist unglaublich befreiend. Dadurch wird so viel Lebensenergie freigesetzt, dass man nicht umhin kommt, diese auch teilen zu wollen. Das ist ein Vorteil! Ein großer! Denn wer wirklich von Herzen teilt, teilen kann und will, dem fließt für sein eigenes Leben in jeder Hinsicht von allem immer mehr zu, als er braucht. Das nenne ich doch mal eine typische Win-Win-Situation. Es ist also immer von Vorteil, sowohl die eine, wie auch die andere Seite aus eigener Erfahrung zu kennen. Das Leben schafft Dinge, die der reinen Theorie auch in Millionen von Jahren immer noch weitaus überlegen sind. Daher behaupte ich, dass ‚zu leben' das absolut Wichtigste im Leben ist! Das Leben ist so genial eingestellt, dass es jeden von uns – früher oder später – an den Punkt bringt, alles andere loszulassen und ganz in es einzutauchen. Danach sind alle Fragen beantwortet.

Und dies alles wegen einer Sekunde!

Ich wünsche den Menschen also nicht alles Gute, sondern ein reiches und erfülltes Leben. Denn das Gute zu schätzen, das lernt der Mensch leider immer noch am schnellsten durch Leid. Ich sage nicht, dass es nicht auch anders ginge, aber schon meine Eltern wussten, dass, wer nicht hören will, fühlen darf. Gut, sie sagten ‚muss', nicht darf. Aber im Grunde hat es wohl gestimmt. Für mich jedenfalls und für alle anderen, die wie ich ebenfalls ein bisschen schwer von Begriff sind.

DAS LEBEN IST JETZT

Bestimmt haben wir das alle schon mal gehört. Das Leben ist jetzt. Doch Hören und Verstehen liegen selten so weit auseinander wie hier. Vom Leben – oder stell Dir vor: von Liebe nur gehört, sie aber nie erlebt zu haben, wie weit mag das wohl auseinander liegen? Welten! Das wäre ja wie wenn ich behaupten würde, Dich zu kennen, bloß weil mir jemand Deinen Namen gesagt hat.

Jemand oder etwas und vor allem das Leben zu kennen, bedeutet mehr als alle Zeit, welche man miteinander je verbringen könnte, in es zu investieren. Dich wirklich zu kennen ist für mich nur dann möglich, wenn es mir gelingt, Dich zu erleben. Und zwar von innen heraus, nicht von außen. Bewusstsein ist eben nicht Verstand und etwas Wissen und es tatsächlich auch zu Erfassen sind – in der Tat – total verschiedene Welten. Dieses Jetzt kann nicht fortdauern. Es ist immer nur einen Augenblick. Er lässt sich auch nicht konservieren, denn jede Erinnerung daran ist nicht das Original. Daher gilt es, immer im Augenblick zu sein. Solange es uns nicht gelingt, jeden Augenblick des Lebens zu genießen, wird die Zeit auch weiterhin vergehen und wir werden weiterhin nach Augenblicken suchen, welche genau dem Augenblick gleichen, der gerade jetzt war, während Du liest, der leider nun auch schon wieder vorbei ist.

Viele Menschen warten immer auf besondere Umstände. Sie sind der Meinung, dass zuerst dies oder jenes sein müsse, bevor sie sich erlauben können, mit dem glücklich zu sein, was gerade ist! Man kann jeden Augenblick nur einmal erleben. Das ist die Wahrheit. Wenn man ihn wieder verlässt, dann erfahren wir unmittelbar den nächsten. Je mehr Zeit zwischen solchen Augenblicken liegt, desto schneller altern die Menschen. Je weniger solche ‚magischen Sekunden' in einem Leben vorkommen, desto länger scheint es zu dauern. Für Menschen, welche solche Augenblicke nicht kennen, ist der Tod die größte Erlösung, denn für sie war das Leben wirklich alles andere als ein Genuss. Wer aber das Leben erst einmal entdeckt hat, der wird es lieben lernen, und sobald man es liebt, ist man nur noch von einem Gefühl erfüllt ... und dies heißt: Dankbarkeit.

Dankbare Menschen sind die glücklichsten! Und wirklich dankbare Menschen sind nicht nur für das dankbar, was sie besitzen, sondern auch dafür, was ihnen fehlt. Vielleicht versteht dies der eine oder andere nicht, aber die Dankbaren haben es verstanden. Sie verstehen es auch, wenn ich sage, dass Liebe eins, Sehnsucht aber das Höchste ist. Ja, denn Sehnsucht bringt uns immer wieder dorthin zurück, wo wir hin wollen. Sie zieht so stark, dass man manchmal zu zerreißen droht. Du kennst dieses Gefühl vielleicht. Ja, Sehnsucht ist schon fast Liebe selbst – dann, wenn sie sich nur durch ihre Absenz manifestiert. Die Abwesenheit und Anwesenheit von etwas ist also gar nicht so verschieden. Letztlich – und das wissen wir alle – wird alles Eins sein. Aber eben, es zu wissen und es zu erleben, hm ... wenn das kein Unterschied ist?!

Ich hoffe Du spürst meine Begeisterung. Denn ich möchte Dich begeistern. Begeistern für das Leben, das wahre Leben, jenes, welches sich hinter dem Schleier unseres Verstandes entfaltet. Das Leben hinter dem Schleier ist genauso real wie das davor, nur eben echter. Ich sage es meistens so: Das Leben vor dem Schleier ist eine Realität und das dahinter, die Wirklichkeit. Damit will ich aber dieses Leben hier vor dem Schleier nicht reduzieren. Denn es ist – eigentlich – dasselbe.

Ich erwarte nicht, dass jemand, der noch mitten im Lebenskampf steckt, das versteht. Damals konnte ich es auch nicht verstehen. Aber vielleicht gelingt es mir, ein wenig Hoffnung zu machen. Ja, ich mache das Geschäft mit Hoffnung. Und da ist nichts Verkehrtes daran. Das ist doch allemal besser, als das Geschäft mit der Angst, oder nicht?

Heiler, die das tun, nennt man Scharlatane. Aber Ärzte, Regierungen, Religionen und die Pharmaindustrie, welche unsereins als Scharlatane abtun, machen ihrerseits das tödliche Geschäft mit der Angst. Ich denke schon, dass es langsam an der Zeit ist, diesen Unterschied zu bemerken und eine korrekte Neubewertung der Dinge zu erstellen. Es läuft etwas ziemlich schief da draußen in unserer Welt! Und es ist Zeit, das zu ändern. Das Leben ist einfach zu schön, um es wie ein gefangenes Tier im Versuchslabor zu verbringen. Die Menschheit muss sich befreien oder Sie wird untergehen. Es liegt in unseren Händen, den Fortbestand einer menschlichen Zivilisation in der Dreidimensionalität zu garantieren, oder sie wird sterben. Sie wird weiterhin ausgebeutet und erstickt werden, dass ein befreites Leben nicht mehr möglich wird.

Ja, so viel Macht, aber auch Verantwortung gebe ich uns. Es geht hier nur um mich, nur um Dich und um einen Schritt, den nur Du vollbringen kannst: Den Fortbestand der menschlichen Zivilisation zu garantieren, indem Du zurück findest, zum Augenblick. Zurück in Übereinstimmung mit dem Universum oder dem, was einige Gott oder die Quelle nennen. Diese Verbindung wieder aufzubauen ist wichtiger denn je. Denn noch nie zuvor befand sich unsere Welt so nah am Rande der Selbstzerstörung wie heute. Wie gerade jetzt!

Es reicht also nicht aus, wenn Du nur dieses und tausend andere Bücher liest. Du musst dieses Wissen auch verinnerlichen. Es muss zur Wirkung gebracht werden. Dafür ist eine Initialzündung nötig. Man nennt sie: Entscheidung. Ja, Du musst die Entscheidung treffen, es nicht nur wirklich zu wollen sondern es auch umzusetzen. Ganz gleich, wenn es Dir auch nichts als Nachteile zu bringen droht. Dann wird das Feuerwerk beginnen! Und das Feuerwerk heißt: Leben! Dann wird alles wieder spannend, interessant und faszinierend. Vorbei sind die Tage und Nächte einsamer Tränen. Welch eine Erleichterung! Willkommen. Willkommen bei Dir. Willkommen im Leben. Willkommen zu Hause. Willkommen in jener Sekunde, von der ich versuche, Dir einen kleinen Geschmack zu vermitteln.

Ich hoffe, das gelingt mir ein wenig? Na ja, zumindest sitzt Du immer noch hier und liest! Ich deute das als gutes Zeichen und daher bin ich mir nicht sicher, ob ich genau jetzt dieses Buch beenden oder später noch weiterführen soll? Nun ja, wie dem auch sei, ich gehe erst mal schlafen und morgen sehen wir dann weiter. Gute Nacht. Oder soll ich sagen: Bis gleich?

Da bin ich wieder

Wie immer, wenn ich mich wieder mit dem befasse, was ich am liebsten tue, fühle ich mich genau so: Da bin ich wieder. Jetzt bin ich da. Aber was bedeutet ‚da'? Da zu sein ist mehr als nur hier zu sein. Da zu sein meint, dass man auch geistig, seelisch und nicht nur körperlich anwesend ist. Ganz da zu sein bedeutet, präsent zu sein. Präsent oder ein Präsent? Es ist wirklich ein Geschenk, wenn Du da bist, alles von Dir, Dein ganzes Wesen und Deine gesamte Aufmerksamkeit. Das wäre wahrlich ein Geschenk für die Menschheit! Im Laufe unserer irdischen Leben scheinen wir immer wieder zu vergessen, wer oder was wir wirklich sind. Wenn dies wieder erinnert wird, dann ist das in etwa so, wie wenn man nach langer Ohnmacht wieder ‚zu sich kommt'. Ah, da ist ja ein Körper! Ein Gefäß, eine Kleidung sozusagen, die man auch bewohnen kann! Dann geschieht die Bewusstwerdung und es fühlt sich an, als würde man förmlich in den Körper hineingezogen. Wie Lebensenergie, welche auch die hinterletzte Zelle erreicht und erfüllt. Jetzt ist man da! Jetzt ist man präsent und erst jetzt ist es möglich, aus seiner wahren Größe heraus zu leben.

Hier wird klar, dass das Leben eine eher kreative Übung ist. Es ist nicht so eine ernste Angelegenheit, wie die meisten es denken. Und es ist in der Tat weniger eine Kopf- als eine Herzensangelegenheit.

ZU LEBEN IST EINE HERZENSANGELEGENHEIT

Zu leben ist keine Kopfsache. Der Kopf kann das Leben analysieren, ja, aber er kann es nun mal nicht leben! Zu leben ist eine Angelegenheit, ein Abenteuer des Herzens. Das Wesen, welches wir in Wahrheit sind, findet hier in der materiellen Welt ganz andere Bedingungen und Erfahrungsmöglichkeiten vor als dort vorhanden sind, wo es herkommt. Es ist sehr aufregend, vor einer Inkarnation zu stehen und zu wissen, dass es jetzt gleich ziemlich abenteuerlich werden wird.

Ich bin ganz aufgeregt, wenn ich nur schon daran denke. Man taucht da ein, vergisst alles, was war, wer wir sind und woher wir kommen. Man verschmilzt so mit diesem Erdenschauspiel, dass man es schon sehr bald für die Wirklichkeit hält. Plötzlich ist alles andere weg. Auch das Wissen um die eigene Unsterblichkeit. Jetzt fühlen wir uns plötzlich wie ein Teil der Materie. Wir sind völlig identifiziert mit dieser Welt und dieser Form des Lebens. Jetzt ist es ‚wahr'. Jetzt wird es aber auch ernst. Denn jetzt geht es plötzlich nicht mehr um Sein, sondern um Haben. Nicht mehr um leben, sondern darum zu überleben. Ab sofort befindet man sich also in akuter Lebensgefahr! Mit jedem Tag rückt das Ende näher. Ich muss mich beeilen, sagt der Verstand. Ob wir das alles bewusst mitbekommen, das spielt keine Rolle. Aber der Stress ist bereits für die gesamte Lebensdauer programmiert. Aus diesem Stress gibt es nur zwei Auswege, gut, drei.

1. Totale Ignoranz, Desinteresse etc.
2. Drogen, Alkohol etc.
3. Erforschung des Lebensabenteuers

Ignoranz und Drogen – ich habe beides ausprobiert – sind keine Alternativen, so viel ist klar. Nicht weil ich etwas gegen Ignoranz oder Drogenkonsum hätte, nein, aber ich sehe dort einfach die Herzensangelegenheit nicht. Was man liebt, das will man erforschen. Als Süchtiger oder Ignorant ist kein Forschen mehr in dem Sinne möglich, dass Weisheit daraus resultiert. Nur jene Spiele, welche man freiwillig und bewusst spielt, machen Spaß. Zumindest jenen, die erfolgreich spielen wollen. Menschen der Kategorie 1 und 2 spielen jedoch auf Verlust.

Nur dumm, dass sie das nicht wissen. Denn ihr Versagen ist voraussehbar. Wer an der Börse zum Beispiel auf Verlust setzt, der gewinnt dann, wenn's im Großen und Ganzen schlecht läuft. Daher darf man ruhig sagen, dass es Menschen gibt, welche erfolgreich durch Versagen sind. Aber bitte sag das keinem! Es könnte nämlich sein, dass sie Dir das übel nehmen.

Ich kann Dir versichern, dass es kaum eine bessere Position gibt als einer von jenen zu sein, welche wissen, wie die Gestaltung persönlicher Realität vor sich geht. Wenn Du also mutig und von einer tiefen Liebe zu den Menschen getragen bist, dann wage es. Du wirst lernen jene zu lieben, welche Dich verurteilen.

Allerdings ist dies gar nicht so unpraktisch. Zumindest nicht für uns, denn wir wollen ja lernen, wie es ist, unabhängig und frei zu sein. Auch darin, wie wir uns fühlen. So lange, bis es uns gelingt, einen jeden Menschen – unabhängig davon, was dieser tut oder nicht tut – so zu lieben, wie er ist.

Menschlichkeit und Kreativität wohnen im Herzen. Wenn man das Leben erklären will, dann reicht es natürlich, mit dem Verstand zu leben. Aber um es wirklich zu erfahren, müssen wir von ganzem Herzen in es eintauchen. Das nennt man Hingabe. Diese muss man schon haben, wenn man leben will. Nur dem, der sich hingibt, kann sich auch dem Leben in seiner ganzen Tiefe hingeben. Aber Vorsicht! Wie Du bestimmt weißt, ist man einer

Sache ziemlich verpflichtet, wenn man sich ihr hingibt. Wenn man sich, sein Herz und somit seine Seele für eine Sache oder einen Menschen hingibt, dann gibt es kein Zurück mehr. Da ist man sozusagen wieder vollkommen abhängig. Dies, obwohl es der Weg in die Freiheit ist. Spätestens hier trifft das durchschnittliche Unverständnis auf die vermeintliche Sinnlosigkeit und dreht um. Hier scheitern all jene Sucher, welche sich mehr auf der Flucht vor Unfreiheit als auf der Suche nach Freiheit befinden. Und es ist bei Weitem nicht das Gleiche, ob man sich auf der Flucht oder auf der Suche befindet! Es ist entscheidend dafür, wie wir unser Leben erleben und wie wir mit ihm umgehen.

Ob wir aus Wunsch oder Widerstand auf unserer Reise sind, ist also wesentlich. Doch um vom Sucher zum Finder zu werden, gilt es, den nächsten Schritt zu tun! Und jetzt wird's heiß ... der nächste Schritt ist es, die Reise weder aus Wunsch noch aus Widerstand zu tun. „Aber wie anders", fragst Du Dich zu Recht, „sollte man es denn dann tun?"

Vorschlag: Wie wäre es mit: Interesse? Wie wäre es, das Leben aus reiner Neugierde und aus reinem Interesse am Leben selbst zu leben? So, wie es ein Forscher zu tun pflegt? Genau, warum es nicht einmal von dieser Warte aus angehen?! Und in der Tat, dies wäre jetzt genau der gefragte Schritt. Nicht mehr aus persönlichem Interesse, sondern aus dem Wesentlichen heraus zu leben. Wenn ein Mensch aus seinem Wesen lebt, dann wird er auch ein wesentliches Leben und eine wesentliche Welt erfahren. Das Wesentliche offenbart sich dem Wesen. Das Liebevolle offenbart sich dem Liebevollen und nur das Verständliche offenbart sich dem Verstand. Verstehst Du? Es stellt sich also tatsächlich die Frage, ob wir Wesentliches vollbringen oder nicht. Leben wir tatsächlich aus unserem innersten Sein? Folge ich tatsächlich dem Weg meines Herzens oder doch nur dem Verstand? Lebe ich das, was ich bin, oder jage ich nach etwas oder jemandem, der ich sein möchte? Bin ich noch ein Mensch oder schon eine Person?

Das sind die essentiellen Fragen, die wir uns alle stellen sollten. Sie sollten so früh wie möglich geklärt werden. Ihre Antworten könnten eine komplett neue Welt entstehen lassen.

Wenn sich die Menschen bewusst gegen den Weg ihres Herzens stellen müssten, dann würden viele von ihnen einen anderen Weg wählen. Vor allem dann, wenn sie noch jung sind. Je jünger man ist, desto mutiger ist man auch. Da könnten wir viel von unseren Kindern lernen! Aber wir können ihnen auch vieles vermasseln durch unser ständiges Zerstören ihrer Träume zum Beispiel.

Kinder sind niemals ‚realistisch'. Sie erleben und tun alles aus ihrer ursprünglichen Authentizität heraus. Und genau das ist es, was verloren geht, wenn der Verstand das Zepter übernimmt: unsere Authentizität. Wir verlieren sie jedes Mal ein Stück mehr, wenn wir etwas tun, das keinen Spaß macht, nur weil man etwas haben will oder glaubt tun zu müssen. Das geht in der Regel ganz schnell.

Bald folgen wir nur noch dem Verstand und vergessen, überhören und ignorieren die Impulse unseres Herzens. Dann beginnt ein anstrengender Lebensweg und erst wenn die eigene Sehnsucht nach mehr Leben wieder auftaucht, begegnen die Menschen in der Regel Typen wie mir. Dies sollten sie als wichtiges Zeichen erkennen, denn es ist in der Regel die letzte Warnung vor noch mehr Leid, das die Menschen dann hartnäckig daran erinnert, dass sie wieder dem Weg ihres Herzens folgen sollten, oder eben unterzugehen, rüberzugehen und wiederzukommen.

Wir sehen, es gibt kein Entrinnen aus dem Leben. Du lebst, ob Du willst oder nicht. Und wenn dem schon so ist, wenn wir schon von vorneherein keine Chance haben, dann können wir auch gleich den direkten, statt den einfachsten Weg wählen, oder? Ich habe für mich eine kleine Regel entdeckt: Je lautstärker etwas als leicht angepriesen wird, desto schwieriger wird es und umgekehrt. Je schwerer etwas scheint, desto leichter wird es dadurch, dass man es einfach tut. Wie sagt man so treffend: „Das Vorzimmer zur ‚Hölle' ist ein Paradies." Und hier gleich noch was: Es nur zu wollen und es sich vorzunehmen, reicht nicht! Denn es heißt irgendwo auch: „Der Weg zur ‚Hölle' ist mit Vorsätzen gepflastert." Das aber, was wir wirklich suchen, liegt jenseits von ‚Himmel' und ‚Hölle'.

HIMMEL UND HÖLLE

Das religiöse Konzept von Himmel und Hölle ist nicht zufällig und zudem hervorragend ausgeklügelt. Wer also Bewusstseinsforschung oder Persönlichkeitsentwicklung als Gehirnwäsche bezeichnet, wie sollte man denn eine über Jahrtausende mit allen Mitteln erzwungene Religion bezeichnen? Religionen haben die Menschen so sehr gequält, dass sie sich nicht nur indoktrinieren, sondern wahrhaft hypnotisieren ließen.

Das sind übrigens gängige Techniken aller Mind-Controll-Techniken. Je größer die Angst und der Schmerz, den man erzeugen kann, desto tiefer lassen sich jedwede Programme in das menschliche Bewusstsein und seinen

Verstand verankern. Es ist grausam. Und wie die meisten Grausamkeiten wird auch Religion noch heute unter dem Deckmantel von ‚Liebe' und ‚Gott' angepriesen. Ich möchte jetzt nicht Deine religiösen Gefühle verletzen, aber ich würde mich freuen, wenn Du gelegentlich mal darüber nachdenken würdest. Wir reden ja immer von Glaubensfreiheit, ja? Aber mal ehrlich: Hast Du es wirklich frei entschieden? Ist es bloß Zufall, dass Du vermutlich in der Religion Deines Vaters, Deiner Mutter oder Deines Landes getauft bist? Und wenn, aufgrund welcher Fakten hast Du Dich entschieden gerade dieser Gruppierung angehören zu wollen? Ach komm, hör auf. Du hast es nicht wirklich entschieden, keiner von uns!

Denn wenn eins nirgendwo in meinen Erlebnissen aufgetaucht ist, dann irgendeine Religion. Diese befinden sich in der Regel und für den, der weiß, wovon ich spreche, lediglich in den astralen Bereichen des Universums. In jenem Bereich, der von Abhängigkeit, Angst und Gewalt geprägt ist. Diese Ebenen sind der Spiegel unserer Psyche. Es sind psychische Welten, aber nicht geistige. Auch das ist nicht das Gleiche. Im Groben unterscheidet man zwischen folgenden drei Ebenen: Der physischen, der psychischen und der geistigen. Die eine bezieht sich auf den Körper, die andere auf die Seele und die dritte auf den Geist. Je nachdem, wie Du in Deiner Ausrichtung fokussiert bist, lebst Du auch in der entsprechenden Welt. In jeder gelten andere Regeln und es ist gut zu wissen, dass die höheren Gesetzmäßigkeiten die niederen relativieren. Je größer ein Bewusstsein ist, desto höher liegt die Ebene der persönlichen Ausrichtung eines Menschen. Letztlich bestimmt also die innere Haltung mehr oder weniger alles. Orientiere Dich daher nicht allzu sehr nur an Deinem irdischen Sein, sonst könnte es doch recht eng für Dich werden.

Über Wasser gehen zu können oder Wunder zu tun liegt für mich durchaus im Bereich des Möglichen. Solche Dinge sind für mich keine Gleichnisse oder Märchen, sondern Beschreibungen tatsächlicher Geschehnisse oder zumindest Möglichkeiten. Wir alle werden diese früher oder später vollbringen können.

BEWUSSTSEINSERWEITERUNG

Bewusstseinserweiterung hat weitaus weniger mit Medialität und besonderen Fähigkeiten zu tun als gemeinhin angenommen wird. Sein Bewusstsein zu erweitern ist immer eine gute Investition in die eigene Zukunft. Seine Persönlichkeit zu erweitern kann nie schaden, oder? Und daran, seine Talente auszuschöpfen und sie zu leben, kann auch nichts falsch sein, denke ich. Wer glaubt, dass die Arbeit am Bewusstsein irgendetwas mit Gehirnwäsche zu tun hat, dem möchte ich herzlich entgegnen, dass es nichts Schlechtes hat, auch mal den Mist aus unserem Verstand herauszuwaschen.

Ich wasche meine Kleider, meine Haare, ja, sogar mein

Auto. Also warum nicht auch meinen Körper, meine Seele und meinen Verstand? Schmutz kann sich überall festsetzen. Und Schmutz bleibt immer Schmutz, einerlei welche Ideologie wir ihm andichten. Und wenn wir schon den Ausdruck ‚schmutzige Gedanken' kennen, warum sie denn nicht auch mal säubern?

Wer klar sehen will, kommt nicht umhin, auch den Schmutz auf der Innenseite seiner Brille zu entfernen, oder? Wer sich davor fürchtet, der will bloß seine gewohnte Welt nicht verlassen und bevorzugt es offenbar, lieber blind zu sein. Gut, wenn es eine freie Entscheidung ist, dann mag das wohl gehen. Aber wenn dies unfreiwillig geschieht, dann ist auch die ‚Hölle' nicht mehr weit. Mehr zu sehen hat noch keinem geschadet! Mehr zu wissen auch nicht. Mehr zu sein noch viel weniger. Letztlich kümmert es niemanden, was Du hast, sondern es zählt das, was Du bist.

Ein erweitertes Bewusstsein und eine stabile Persönlichkeit führen dazu, dass man absehen kann, wo das eigene Verhalten, die eigenen Überzeugungen und die eigenen Glaubensmuster hinführen. Es ist die Entscheidung zwischen Haben und Sein. Jeder wird sie eines schönen Tages treffen müssen. Die Frage ist also nicht ob, sondern wann?!

Natürlich ist es einfacher, das, was ein Einzelner mehr sieht als die Masse, zu verurteilen, als Spinnerei abzutun oder als unwahr abzustempeln, als sich selbst auf den

Weg zu machen. Doch schlussendlich wissen wie ja alle: Wer zuletzt lacht ...

Ich lache nicht über Dich. Ich würde aber gerne mit Dir lachen können. Über andere Menschen zu lachen, das sieht sogar ein Blinder, führt zu einem Leben, in welchem man selbst nicht viel zu lachen hat. Daher empfindet ein Mensch, der beide Seiten und ein paar weitere Details kennt, vor allem eins: Mitgefühl. Er ist nicht mehr fähig zu hassen, denn die Liebe, das Leben selbst hat ihn wieder vollumfänglich in Besitz genommen. Er ist von heiterem Gemüt und immer zum Scherzen aufgelegt. Klar, er kann auch ernst sein. Aber wenn er das ist, dann ist es auch wirklich ernst. Ernst im Sinne von wichtig. Wichtig wiederum meint hilfreich für uns selbst. Das Leben selbst hat keinen anderen Plan, als uns allen zu helfen das zu erreichen und das zu erleben, was wir erfahren wollen. Aber man sollte eben schon ganz genau wissen, was das Universum als Auftrag empfindet.

Doch welche Impulse zeigen dem Universum auf, was wir wollen? Das ist ganz einfach. Das Universum registriert immer nur genau das, was wir wirklich wollen! Wie bewusst oder unbewusst dies für uns selbst ist, darauf kommt es nicht an. Das Universum darf und kann keine Rücksicht auf unser momentanes Befinden nehmen. Es muss für uns den Weg im Auge behalten, denn die meisten von uns leider oftmals schon längst aus dem Auge verloren haben.

Auch hier: Es wäre nur zu Deinem Vorteil, Deine Sicht zu erweitern und wieder sehen zu können, wohin des Weges Du gehst, gehen willst oder auch gehen sollst, weil es schlussendlich nicht nur Dir, sondern dem Großen Ganzen dient.

DAS WEITESTE BEWUSSTSEIN, DAS EXISTIERT

Beobachten wir, wann und unter welchen Umständen respektive Voraussetzungen Bewusstsein sich ausweitet oder zusammenzieht, wird es ganz schnell ganz deutlich. Liebe weitet aus und Angst engt es ein. (Angst, lat. angor, timor oder auch terror und vor allem angustiae, was soviel bedeutet wie: Enge, Mangel, Not oder ganz einfach Qual.)

Liebe: (Amor, caritas, Gratia etc., was immer auf Mitgefühl und Dankbarkeit hinweist.) Ja, Dankbarkeit, Liebe und Wertschätzung erweitern das Bewusstsein mehr und schneller als jede andere Technik. Alle anderen Methoden dienen nur dazu, uns wieder in die Liebe zu bringen. Alles, was in Deinem Leben nicht danach aussieht, als würde es Dich zur Liebe hinführen, interpretierst Du falsch.

Nur mal am Rande gesagt: Wie Du vielleicht bemerkt hast, wechsle ich in den Ansprachen öfter vom Wir ins Du. Damit will ich bewirken, dass Du gewisse Dinge sehr wohl persönlich nehmen darfst. Denn solange wir glauben, dass uns genau jene Punkte nichts angehen, die uns eigentlich am meisten betreffen, und wir diesen dann auch immer ausweichen, wird sich unser Bewusstsein niemals ausweiten.

Das Spiel, das universelle Spiel, welches wir fälschlicherweise als das Spiel von Gut und Böse bezeichnen, ist genau genommen das Spiel zwischen Liebe und Angst. Es ist kein Kampf zwischen Licht und Finsternis, wie Religionen es uns glauben machen wollen. Es ist auch kein Kampf zwischen den Guten und den Bösen, wie es uns die Politiker weismachen wollen. Nein, ganz und gar nicht! Es geht alleine darum, die Angst zu meistern und uns wieder vollständig jener Energie hinzugeben, aus welcher wir letztlich alle entsprungen sind. Menschsein hier, auf dieser Erde, ist sozusagen der Ausdruck unserer Sehnsucht nach unserem wahren Zuhause.

Einige wissen das und andere nicht. Deshalb sind einige glücklich hier und andere nicht. Es sind nicht die Umstände, welche darüber entscheiden, ob wir glücklich sind oder nicht, sondern es ist die innere Einstellung, welche entscheidet, wie wir uns in allen möglichen Situationen fühlen. Und nach diesem Gefühl formen sich die Umstände und Lektionen unseres Lebens.

Ich weiß, für einige klingt dies widersprüchlich zu dem, wie sie es selbst in ihrem Leben erfahren, aber dennoch ... es ist, wie es ist.

DIE MÄR VON LEBEN UND TOD

Hier bietet es sich gerade an, noch einen weiteren Mythos zu entzaubern: Das Gegenteil von Leben ist nicht der Tod, sondern die Geburt. Das sind die zwei sich gegenüberliegenden Pole.

Verständlich ist dies jedoch nur unter der Voraussetzung, dass wir an ein ewiges Leben glauben. Ansonsten, vergiss es. Aber wenn wir davon ausgehen, dass wir ewig leben, dann entlarvt sich die Idee eines Todes. Diese seltsame Hypothese, denn mehr als eine Hypothese ist es nicht. Es ist ein komplettes Missverständnis.

Ich will nicht leugnen, dass ist natürlich genau so

gewollt. Wir leben innerhalb einer Vorstellung von uns selbst, innerhalb einer Matrix, die sehr wohl ‚programmiert' und im menschlichen Bewusstsein installiert wurde und worden sein muss. Ich will in diesem Buch jedoch nicht auf jene Materie eingehen, von wem, wann und wozu dies alles getan wurde und noch getan wird. Das würde den Rahmen sprengen. Es wäre auch nicht wirklich Bestandteil dieser einen Sekunde, von der ich anfangs ausgegangen bin. Aber es soll Dir gerne ein Hinweis sein, dass da noch Dinge am Wirken sind, von denen die meisten Menschen nicht den blassesten Schimmer haben. Und wenn ich manchmal davon erzähle, dann schauen mich die meisten mit Augen an, so gewürfelt, mit einem Blick, der alles sagt. Oh mein Gott, jetzt ist er komplett durchgedreht!

Seit meinem Ausflug ins Jenseits ist mir aber eines deutlich und klar geworden: Nichts von alledem, was die ganze Welt als Fakt und bewiesen erachtet, ist wahr. Entweder weiß tatsächlich keiner Bescheid oder es wird den Menschen bewusst verheimlicht. Ja, stell Dir vor, dass jeder Mensch wüsste, wie groß, unsterblich und mächtig er ist ... Niemals würde sich ein solcher Mensch, ein solches Wesen durch irgendwelche Drohungen oder Verlockungen dazu bringen lassen, das zu zerstören, was er selbst erschaffen hat. Das, was seine eigene Lebensgrundlage ist. Welch ein Idiot würde denn so was tun? Mit Sicherheit kein erwachter Mensch! Mit Sicherheit nicht jener, der entdeckt hat, dass es nichts zu befürchten gibt. Es ergäbe einfach keinen Sinn für ihn, andere zu verletzen. Das tun nur Menschen, deren Bewusstheit zum größten Teil weghypnotisiert wurde.

Wie wir aus der Psychologie wissen, haben alle psychischen Störungen in der einen oder anderen Form mit Angst zu tun. Wenn ein Mensch sich ununterbrochen vor etwas fürchtet, dann beginnt er immer mehr Zwänge zu entwickeln. So lange er immer nur versucht, die Angst zu beherrschen, anstatt sie aufzulösen, wird jede Psychotherapie irgendwann versagen. Aber vermutlich wird dies deshalb nicht getan, weil nuzr wenige wissen, wie das geht. Daher ist es dringendst an der Zeit, dieses Wissen ins Bewusstsein, zu bringen. Dieses Stück Wissen ist vergleichbar mit einem winzig kleinen Programm, das aber alles derart beeinflusst, dass es nur noch zu Deinen Gunsten wirken kann. Das wäre an sich doch ganz fantastisch, oder etwa nicht?! Aber die Sache hat einen Haken: Damit das Programm funktioniert, muss es immer von einem selbst installiert werden. Kein anderer könnte dies also für Dich oder gegen Deinen Willen tun. Kein Psychiater, kein Arzt und auch kein Magier. Nur Du selbst, denn nur dann funktioniert's.

Sobald man sich aus der Angst befreit hat, wendet sich alles um 1000 Prozent. Man kann sich kaum mehr vorstellen, wie klein und eng die eigene Welt noch bis vor kurzem gewesen ist. Unglaublich! Und plötzlich bedarf es keinerlei Anstrengung mehr, authentisch und wahrhaftig zu sein. Unser Leben wird dadurch so etwas von integer, dass nichts mehr schiefgehen kann. Und gewisse Leute wissen das. Und sie wollen nicht, dass wir uns aus diesem Gefängnis befreien. Aber – und das wissen sie ebenfalls – ihre Zeit ist abgelaufen! Die Menschen beginnen, sich zu befreien. Sie erwachen, überall auf der Welt. Von überall her häufen sich die Nachrichten, dass die Menschen wieder für ein Miteinander einstehen. Eine nie dagewesene Revolution steht uns bevor! Es kann nicht schaden, sich schon heute dafür zu rüsten. Das wichtigste Rüstzeug heißt: Liebe. Um anderes brauchst Du Dich nicht zu sorgen. Es erwacht ein neues Bewusstsein und alles, was nicht Liebe ist, wird dort nicht lebensfähig sein.

Also, vergiss den Schmarren mit dem Tod und danach sei alles fertig. Vieles kann in einem Multiversum eintreten, auch völlig Unvorstellbares. Also, so etwas wie einen Tod gibt es nur innerhalb einer Illusion. Einer Illusion wie jener, in der die Menschheit gegenwärtig noch verhaftet ist. Diese Verankerungen, die ja alle auf Angst basieren, beginnen sich nun zu lösen. Die erhöhte Schwingung, der wir momentan ausgesetzt sind, bewirkt, dass alles höher schwingen wird und muss, was Bestand haben soll. Ob für uns ein Tod also weiter existiert oder nicht, das bestimmen wir selbst. Das können nur wir selbst bestimmen. Alles andere erledigt das Leben von selbst. Was gemäß dem Gesetz der Resonanz nicht in eine Welt hineinpasst, das wird in der Regel einfach ausgeschieden. Ja, so leicht macht es sich das Universum respektive ‚Gott'.

Und das hat rein gar nichts mit irgendeiner Form von Bewertung zu tun. Wie schon gesagt, es geht nicht um

Gut und Böse, es geht um viel mehr. Da ist kein ‚Gott' der richtet oder Urteile fällt, da ist nur ein System, welches dafür sorgt, dass Gleiches immer nur Gleiches anzieht. Natürlich wird das gegenwärtige irdische System ebenfalls von der einen Quelle gespeist. Aber es ist nicht ‚Gott', das System. Das, was wir als ‚Gott' oder das Göttliche verstehen, befindet sich dahinter. Ich hoffe, das ist verständlich?

WER SICH FÜRS LEBEN INTERESSIERT

Wer sich wirklich fürs Leben interessiert, der muss auf jeden Fall tiefer forschen, als es die Vorgaben erlauben! Ein richtiger Lebensforscher darf niemals etwas als gegeben hinnehmen. Er darf niemals glauben, dass er etwas weiß. Er muss immer davon ausgehen, dass alles letztlich ganz anders sein könnte. Und wie es genau ist, erfährt er alleine durch seine eigenen Forschungen und nicht aus Büchern, von Lehrern oder einem Philosophen. Du solltest Folgendes wissen:

Immer wenn Du Dich entschieden hast, etwas als wahr zu betrachten und somit zu glauben, was Dir ein anderer erzählt, hörst Du auf, in diese Richtung weiterzuforschen. Zu glauben: „Das weiß ich", bedeutet das Ende Deiner Forschungen.

Nur wahrhaft Unwissende können authentisch forschen. Daher ist es stets der erste Schritt, sich bewusst zu sein, dass man nie etwas wirklich weiß. Klar, dies und jenes wissen wir natürlich. Aber im Vergleich zu dem allem, was wir nicht wissen, ist dies gleichbedeutend mit Nichtwissen. Wenn Du in dieser Haltung das Leben untersuchst und neu entdeckst, dann wird Dein Nichtwissen zumindest wirklich etwas kleiner.

Das Leben – in welcher Form auch immer – abzulehnen hat übrigens nichts mit Forschen zu tun. Es sei denn, Du willst erforschen, was geschieht, wenn man das Leben ablehnt. Aber meistens sind es leider nicht die Forscher, die das dann erleben. Wer ist denn schon mutig genug, sich für einen qualvollen Weg zu entscheiden, wenn es auch anders zu gehen scheint? Also ich definitiv nicht. Ich kenne meine Grenzen und ich bin froh, dass ich auch die Gesetzmäßigkeiten kenne, wie Realität erschaffen und auch integriert werden kann. Somit bin ich frei dazu, meine Zukunft im weitesten Sinne, mehr oder weniger genau, nach meinem Wunsch zu kreieren. Kreieren heißt: erschaffen. Und wenn das irgendwie schräg für Deine Ohren klingt, dann bedenke, dass wir schöpferische Wesen und nicht einfach nur Menschen sind!

Wenn unser Ursprung bei irgendeiner Form eines

Schöpfers liegt, dann läge es auf der Hand, dass auch alles andere mit schöpferischen Kräften ausgestattet ist. Wie oben, so unten. Verstehst Du? Vielleicht bietet es sich ja deshalb auch mal an, bevor Du es wie ich auf eine noch härtere Tour erfahren wirst, schon jetzt Dein bisheriges Leben und Deinen Lifestyle einmal gut zu überdenken. Willst Du wirklich so weitermachen wie bisher?

Dieses Buch ist vielleicht nicht dick, und es ist auch nicht kompliziert. Aber es beinhaltet alles Wesentliche, was Du wissen musst, um Deinem Leben eine erfolgreiche Wende geben zu können. Selbst wenn es Dir gegenwärtig gut geht, dann sogar erst recht, es soll sich ja nicht ändern! Tue, was getan werden muss. Was das ist, das weißt Du selbst am besten. Warte nicht, bis es Dir das Leben sagen muss, denn die Sprache des Lebens ist das Gefühl. Es wird Dich sonst einfach fühlen lassen und bekanntlich kann das sehr schmerzhaft werden.

ICH BIN VERWUNDERT

Ich bin verwundert – über mich selbst. Meine Erläuterungen haben nun doch einen ziemlich tiefgehenden Tenor angenommen. Bis vor Kurzem wäre es der Untergang eines Buches gewesen, so tief zu gehen. Keiner hätte es lesen wollen. Aber heute ist das anders. Auch das ist für mich ein Zeichen dafür, dass es sich schon bessert mit dem Bewusstsein der Menschheit. Endlich darf man auch wieder sagen, was wirklich Sache ist. Lange habe ich und viele andere auf diesen Zeitpunkt gewartet. Endlich ist es so weit! Jetzt.

Bald wird sich öffentlich zeigen, dass die Liebe stärker ist als jede Atombombe. Langsam begreift die Menschheit, dass wir nur gemeinsam eine längerfristige Überlebenschance haben. Nicht umsonst ist unsere Zeit in vielen Schriften als die ‚Endzeit' bezeichnet worden. Es ist tatsächlich so. Die Zeit der Unbewusstheit neigt sich dem Ende zu und es keimt bereits das Licht einer neuen menschlichen Zivilisation am Horizont. Zumindest in meiner Wahrnehmung. Ich sehe eine Welt, in welcher ich sehr, sehr gerne lebe. Eine Welt des Friedens und der Liebe, in der alle Menschen nur in Liebe, Wertschätzung, Respekt und mit friedvollen Gefühlen aufeinander zugehen. Jetzt sag mir bloß, dass Du in so einer Welt nicht leben möchtest (...) Was gäbe es Schöneres?!

Früher hätte man jetzt gesagt, dass ich ruhig weiter träumen soll. Aber heute, jetzt, da man bereits sehen kann, dass die Menschen wieder spürbar herzlicher und somit auch menschlicher werden, wird es immer schwieriger, die wundervollen Träume der anderen als Träumerei zu degradieren. Viele Kinder und heute sogar auch schon viele junge Erwachsene bringen diesen Traum einer glücklichen und friedvollen Welt in ihren Herzen mit. Und mehr noch, es ist ihnen bewusst. Es ist der tiefste Wunsch eines jeden Menschen. Und wenn wir dessen Verwirklichung bis dato noch nicht geschafft haben, dann kann nur noch eins geschehen: Diesmal schaffen wir es!

Du siehst also, ausgehend von einer einzigen, aber wesentlichen Sekunde meines Lebens sind wir in einer Vision von Leben gelandet, die größer zu sein scheint, als wir es uns vorstellen können. Aber das bedeutet nicht zwingend, dass sie nur weil sie größer scheint, nicht zu realisieren ist. Das wissen wir erst, wenn wir es zumindest einmal versucht haben. Und nur deswegen schreibe ich meine Bücher und leite meine Bewusstseinstrainings. Das ist meine Motivation und ich hoffe sehr, dass sich durch meine Leserschaft niemand angegriffen fühlt. In der Tat gehe ich davon aus, dass jeder Leser und jede Leserin sich darauf freut, in einer glücklichen Welt leben zu dürfen. Oder sehe ich das falsch?

Ja, Du hast es gut bemerkt, da ist ja ein Hauch Eigenwerbung drin. Stimmt! Aber mal ganz ehrlich: Aus welchem anderen Grund sollte irgendjemand sonst ein Buch schreiben wollen?

Ich hoffe also, dass Du meine Werbung ‚daherschleichen' gehört hast! (Schleichwerbung). Denn ich bin nicht so dumm zu glauben, dass das Lesen eines Buches – auch wenn es das meinige hier ist – Dir irgendwelche wesentlichen Vorteile verschaffen kann. Aber vielleicht merkst Du, dass ich einen Weg dorthin kenne, wo Du alle Deine Fragen selbst beantworten kannst. Nun, Du weißt ja, wo Du mich findest.

Neuigierig? Gut, dann lass uns noch ein bisschen tiefer gehen, bevor ich dieses Buch zu Ende bringe.

DIE ZEIT

Kommen wir also noch einmal zurück zu dieser Sekunde respektive zur Zeit im Allgemeinen. Ja, sie ist kurz und trotzdem kann sie ewig währen. Es gibt genügend Zeit zum Totschlagen, zum Vertrödeln und was weiß Gott wir mit ihr alles anstellen. Aber man könnte sie auch ausdehnen und zu leben beginnen. Denn das, was Du bisher als Dein Leben bezeichnet und erfahren hast, ist vermutlich nur die Erkundung Deines Gefängnisses gewesen. Zumindest dann, wenn Dein Leben aus den gewohnten und üblichen Bestandteilen besteht wie arbeiten, Geld verdienen, Zukunft absichern, Urlaub, Sport und Fernsehen. Du weißt, wie ich das meine, oder? Ein ganz ‚normales' Leben einfach.

So vergeht die Zeit in einem ganz anderen Verhältnis als in sogenannten Extremsituationen. Ein Tag in Angst zu verbringen kann ewig sein, wohingegen eine Woche verliebt zu sein im Nu vorüber ist. Daraus lässt sich Folgendes ableiten: Leid dehnt die Zeit, und Freude, Liebe und Hingabe lassen sie schrumpfen.

Wenn es heißt: „Wie oben, so unten", dann darf man nicht übersehen, dass dies wie mit einem Spiegel gemeint ist. Zumindest in unserer physikalischen Ebene. Daher ist das, was oben zum Beispiel links ist, unten rechts. Daher lässt sich die Zeit so weit verkürzen, bis sie an ihrem Höhepunkt, in solchen Sekunden, in denen sich alles ändert oder umkehrt, sie tatsächlich ins komplette Gegenteil übergeht. Dann geht sie in die Ewigkeit oder besser formuliert: in die Zeitlosigkeit über.

Ich vermute, dass jedes System einen solchen Punkt, an dem es sich ins Gegenteil verkehrt, beinhaltet. Dies würde aus verschiedenen Gründen Sinn machen. Erstens wäre so eine Endlosschleife gewährleistet. Das wäre dann wiederum eine würde Erklärung für die Ewigkeit an sich und zweitens, es würde verständlich machen, dass sich alles immer wiederholt. Wenn wir uns das jetzt noch in Form einer Spirale, eines Vortex vorstellen, dann wiederholt sich möglicherweise alles, aber einfach auf einer höheren (oder tieferen) Ebene.

Forscher, welche sich mit der Thematik ‚Zeitreise' näher auseinandersetzen, sprechen hier von einem sogenannten ‚Time-Loop', einer Zeitschleife. Und wenn die Zeit tatsächlich einer solchen Lemniskate gleicht (∞) dann wäre es denkbar, dass man jede gewünschte Zeit anvisieren könnte. Es müsste nur noch ein Weg gefunden werden, an eben diesen reisen zu können. Ob das nun möglich ist, ob es irgendwann zu unserem Alltag gehören wird oder ob es bereits gemacht wird, dass könnte man sich jetzt ja neugierigfragen. Du kannst ja selber entscheiden, was Du glauben willst. Meine Meinung kannst Du Dir gerne ausrechnen, wenn Du weißt, dass ich so ziemlich immer vom Unwahrscheinlichsten ausgehe.

Es war übrigens vor nicht mal allzu langer Zeit sehr unwahrscheinlich, dass unsere Erde den Umgang, welchen wir mit ihr pflegen, bis heute überhaupt je überstehen würde. Natürlich, in der Tagesschau wird dies den Menschen nicht auf die Nase gebunden, denn dann würde womöglich der Konsum zurückgehen. Aber tatsächlich sind wir bisher nur haarscharf daran vorbeigeschrammt. Anyway, die Welt steht noch und somit ist alles noch offen. Ich kann nicht sagen, wie lange noch, aber jetzt, jetzt würde es noch reichen und wir könnten das Ruder vollends herumreißen und unser gemeinsames Universum wieder in die gewünschte Richtung bringen.

Wie jeder vernünftige Mensch bin auch ich der Meinung, dass wir nicht die einzigen halbwegs intelligenten Wesen in diesem so unendlich großen Universum sein können. Aber es stellt sich eine Frage: Wenn es weitere Lebewesen, möglicherweise viel höher entwickelte, als wir es sind, da draußen gibt, weshalb besuchen sie uns nicht? Oder tun sie es schon lange und wir haben es nicht bemerkt? Oder gibt es besondere, möglicherweise galaktische Voraussetzungen, die man erfüllen muss, bevor Kontakt stattfinden darf? Ich vermute: ja.

Ich vermute, dass es schon gewisse Voraussetzungen gibt, nach welchen Kontakte zwischen fremden Zivilisationen geregelt werden. Was könnte denn so eine universelle Regel sein? Hm ..., was haben wir im Laufe des Buches festgestellt? Genau, die Grundlage allen Lebens ist Liebe. Daraus könnte man unschwer kombinieren, dass es wohl an der Liebe liegt, ob und wenn ja, mit wem die Menschheit eines Tages in Kontakt treten wird, ja, treten muss. Du weißt ja: Resonanz.

Bestimmt gibt es auch außerhalb unseres Planeten gut und schlecht gesinnte Lebewesen. Das darf angenommen werden, wenn man weiß, dass wie oben, so auch unten ist. Wir sollten uns daher nicht nur darüber Gedanken machen, ob solches im Bereich des Möglichen ist oder nicht, sondern, wenn dies tatsächlich möglich wäre – und das ist es –, welche Art von Wesen möchte ich da draußen ansprechen?

Solche Gedanken so lange hinauszuschieben, bis ein Kontakt einfach geschieht, halte ich nicht für weise. Die netten Gäste kommen nämlich auch hier nur auf Einladung! Wer keinen bittet, der lädt dadurch womöglich die ungeladenen ‚Gäste' ein. Aber wenn diese uns auch in ihrer Boshaftigkeit überlegen sind, dann dankeschön. Und weil wir jetzt nicht wissen, ob oder ob nicht, sollten wir uns vernünftigerweise auf das Einzige, was unsicher ist, einstellen. Und es ist nicht sicher, ob so etwas stattfinden wird, aber damit liegt es zumindest im Bereich des Möglichen. Also sollten wir uns schon heute darum kümmern, welche intergalaktische Resonanz wir durch unsere Art zu leben ins Universum hinaussenden. Wenn mein Gedanke sich am Ende als Quatsch herausstellen sollte, dann hat es zumindest niemandem geschadet. Habe ich allerdings recht, dann könnte es in einer Katastrophe enden, wenn wir so weiter leben wie bisher.

Die beste Lösung, selbst dann, wenn kein Problem besteht, ist und bleibt einzig und allein und immer: zu lieben. Das ist immer die beste Wahl, finde ich.

Wir haben ja vereinbart, dass wir gemeinsam noch ein bisschen tiefer gehen wollen. Du solltest also damit rechnen, dass es noch ein bisschen verrückter wird. Es gab in meinem Leben nämlich noch so einen spannenden Moment, ebenfalls nur einen Augenblick kurz, welcher diesmal aber in physischer Dauer gemessen, mehrere Stunden dauerte.

Ja, schon wieder so ein Paradox. Eine lange physische Zeit, aber doch nur die Empfindung für einen Augenblick. So nimmt man es wahr, wenn man die Zeit, die Stunden, welche vergehen, komplett vergisst. Wie ausgelöscht sozusagen. Keine Erinnerung mehr. Dann entstehen solche Zeiterfahrungen. Aber es ist nicht wichtig, das zu verstehen. Wie komme ich darauf? Ich habe als junger Bursche einmal ein unidentifzierbares Objekt am nächtlichen Himmel gesehen. Es bestand aus reinem Licht. Obwohl es eine Form besaß, war eine materielle Kontur nicht auszumachen. Aber ich wusste einfach, dass es sich um ein Raumschiff handelte. Kurz: Ich hatte eine Begegnung der dritten und möglicherweise sogar vierten Art. Warum sage ich ‚möglicherweise'? Eben, weil von dem Moment an, als ich dieses Licht sah, von dem Moment an als es dann auf einmal verschwand, einfach weg war, auch ich weg war. Als ich wieder zu mir kam, lag ich am Strand, in voller Montur und dies am späten Vormittag. Das Lachen der Kinder hatte mich geweckt. Ich war sehr verwundert – einmal mehr – mich selbst in dieser Situation vorzufinden. Ich konnte mir nicht erklären, wie das vonstatten gegangen war.

Mein Verstand hat dann mit der Zeit versucht, sich etwas zurecht zu legen. Damit was das Thema abschließend für ihn erledigt. Ich sagte mir also, dass ich wohl am Strand eingeschlafen sein musste und eben erst jetzt wieder aufgewacht bin. Gut, das war zwar eine peinliche Vorstellung, aber als ich ins Hotel zurückkehrte, wo mich meine Familie bereits erwartete, stellte ich verwundert fest, dass alle so taten, als sei nichts derartiges geschehen. Als wäre ich nie weg gewesen. Alles lief so wie immer. Natürlich passte dies wunderbar in die Erklärung meines Verstandes, aber irgendwie war es schon komisch.

Mittlerweile, nach 30 Jahren, sind da ein paar wenige Erinnerungen wieder zurückgekommen und heute glaube ich tatsächlich, dass ich in dieser verlorenen Zeit einen Kontakt zu ‚nicht irdischem' Leben gehabt hatte.

Glaube mir, trotz all dieser Geschichten, die ich Dir hier erzähle, ich bin kein komischer Kauz, kein Esofreak und auch kein UFO-Sektenbeauftragter oder so. Ich bin einfach ein Mensch und zwar ein vernünftiger, der offen und ehrlich über seine Erfahrungen berichtet. Ich will niemanden von etwas überzeugen und ich glaube auch nicht, so etwas wie ‚die Wahrheit' gefunden zu haben. Ich bin ein Reisender, der über seine Reise berichtet. Ich überlasse alle Schlussfolgerungen die man daraus ziehen kann, Dir ganz allein. Ich für mich habe noch keine abschließende Schlussfolge gefunden. Ich bin immer noch unterwegs. Meine Forschungsreise hat in der Tat erst vor Kurzem begonnen. Bevor ich mir ein abschließendes Bild zurechtlege, will ich noch viel mehr wissen und noch viel mehr entdecken. Ich vermute, da draußen gibt es noch eine solch unbegrenzte Fülle an Erfahrungsmöglichkeiten die auf mich wartet, da kann ich jetzt noch nicht abschließen mir ein Bild machen. Irgendwann aber will ich das. Und für den Fall, dass ich mir irgendwann dieses abschließende Resümee erstellen werde, will ich sicher sein, dass ich eingehend genug geforscht habe und nicht gänzlich am Ziel vorbeischieße.

Wer sich aber schon hier ein Bild von mir machen möchte, nur zu. Aber ich glaube nicht, dass es auch nur ein winziges bisschen adäquat sein wird. Ich fände es schön, wenn auch Du über nichts und niemanden urteilen würdest, bevor Du nicht meine Erfahrungen geteilt hast. Ich halte das für eine sehr vernünftige Haltung. Aber eben, was ist schon Vernunft?!

VERNUNFT UND VERSTAND

Vernunft ist das Resultat logischen Denkens. Da logisch denken aber nicht wirklich gefördert wird, haben es die meisten Menschen verlernt. Die meisten denken in vorgegebenen Bahnen und diese lassen Vernunft nicht zu. Vernunft ist also grundsätzlich ein Privileg jener, welche noch frei zu denken in der Lage sind.

Doch das alleine reicht noch nicht aus, um vernünftig zu sein. Dazu gehört noch eine Menge Herz! Vernunft entsteht durch die Verbindung von Herz und Verstand. Beide Seiten für sich können alleine keine Vernunft entwickeln. Daher plädiere ich nicht nur fürs Herz und auch nicht nur für den Verstand. Denn solange wir diese zwei

Seiten in einem Kampf von Gut und Böse verstrickt halten, ist keine Abhilfe zu erwarten. Wir können uns also die Frage sparen, ob diese oder jene Seite Recht hat oder nicht. Die Lösung liegt wie so oft auch hier in der Mitte. In der Verschmelzung von beidem. Solange wir den Verstand oder das Herz ablehnen oder dem einen Vorrang geben, ist keine Vernunft in Sicht.

Vernünftige Menschen scheinen Leichtgläubig zu sein – zumindest für den Verstand –, aber das scheint nur so, weil vernünftige Menschen über einen ausgeprägten Forschergeist verfügen und somit für jede Hypothese grundsätzlich offen sind. Dadurch, dass sie die Dinge erforschen, verändern sie sich und diese Veränderung macht den anderen Angst. Dann appellieren sie sofort an Deine Vernunft. An etwas also, was sie selbst nicht besitzen. Das ist lustig. Denn es ist das einzig Vernünftige, die Dinge zu erforschen, bevor man sie einfach glaubt oder irgendwelche Traditionen einfach so von anderen übernimmt!

Damit Du einen persönlichen Vernunftscheck in Bezug auf Dein Verständnis von Vernunft machen kannst, stelle ich ein paar Behauptungen auf und Du achtest darauf, in welchen und in wie vielen Punkten Du nicht mit mir einverstanden bist. Über das Resultat kannst Du Deine eigenen Rückschlüsse ziehen.

Folgende Aussagen sind meiner Meinung nach also logisch und es wäre vernünftig, sie einer genaueren Untersuchung zu unterziehen:

- Es gibt ein Leben nach und auch vor dem Tod.
- Es gibt UFOs und außerirdisches Leben.
- Es gibt übersinnliche Fähigkeiten.
- Es gibt keine unheilbaren Krankheiten.
- Realität ist eine rein individuelle Angelegenheit.
- Das Universum ist grenzenlos.
- Da ist viel mehr, als wir wahrnehmen.
- Die Naturgesetzte gelten nicht unbedingt.
- Bewusstsein erschafft Realität.
- Alle Religionen sind falsch.
- Regierungen belügen das eigene Volk.
- Paralleluniversen existieren.
- Zeit existiert nicht.
- Zeitreisen sind möglich.
- Eine weltweite Verschwörung ist im Gange.
- Impfungen sind krank machend oder gar tödlich.
- Fluor in Zahnpasten ist Gift.
- Die Menschheit wird mit Chemtrails vergiftet.

Es geht bei allen diesen Punkten nicht darum, dass ich behaupte, dass es das gibt. Sondern es geht darum, dass logisches Denken und Erforschen der Materie dazu führt, es annehmen zu können, weil das Gegenteil nicht beweisbar ist.

Logiker argumentieren ja gerne mit Beweisen. Sie fordern immer Beweise, aber selbst verfügen auch sie über keine unwiderlegbaren Beweise. Sie können auch nicht beweisen, dass nicht bewiesene Tatsachen nicht sein können. Es geht also nicht um Wissen, auch wenn es einen wissenschaftlichen Stempel trägt, sondern um Glauben. Und auch wenn wir alle gerne eine absolute Realität hätten, wer denkt und forscht, weiß, dass es eine solche nicht gibt. Nur jene, welche ihr Nichtwissen nicht zugeben wollen, beharren auf ihre Wissenschaftlichkeit und all die Erkenntnisse von gestern. Das war schon immer so. Es gab Zeiten, da konnten sich die Menschen so etwas wie ein Auto, Flugzeug oder Mobiltelefon unmöglich vorstellen. Also zumindest die meisten. Die anderen waren geächtet, wurden verhöhnt, ausgelacht oder gar umgebracht. Und wie sieht es nun heute aus? Du siehst, allzu viel hat sich nicht geändert.

Vernünftig wäre es, sich als vernünftig bezeichnende Menschen mit Vorsicht zu betrachten. Vernünftig wäre es, wenn wir die Ankläger mindestens genauso unter die Lupe nehmen würden wie die vermeintlich Schuldigen. Vernünftig wäre es, sich selbst weiterzubilden, anstatt nur das zu glauben, worüber im Fernsehen und in Revolverblättern informiert wird. Vernünftig wäre es auch, die Traditionen unserer Eltern und Vorfahren zu überprüfen, anstatt sie einfach aus Gewohnheit weiter zu pflegen. Am vernünftigsten allerdings wäre es, nicht alles zu glauben, was der eigene Verstand einem sagt.

Der menschliche Verstand ist im wahrsten Sinne des Wortes verrückt (ver-rückt) geworden. Er saugt alle Informationen auf, egal woher diese auf ihn einstürzen. Er ist wie ein Magnet oder ein trockener Schwamm und nimmt alle Eindrücke erst mal vollkommen unkritisch auf. Danach versucht er ein wenig Ordnung in diese Datenflut zu bringen und dies tut er anhand diverser Methoden. Zuerst klassifiziert er ganz grob in wahr und nicht wahr. Das bedeutet, dass er alles ausfiltert, was nicht in sein bereits bestehendes Wissenskonzept hineinpasst. Wie Du Dir bestimmt vorstellen kannst, ist das schon die größte Menge aller Daten, welche als unwahr in die Kategorie ‚Abfall' wandern. Hm ... wenn die Menschen wüssten, welch wertvolle Schätze sie hiermit entsorgen, unglaublich! Nach dieser Grobfilterung ordnet der Verstand die übrigen Informationen immer akribisch genau dort ein, wo es das Bisherige bestätigt. So glauben die Menschen am Ende immer mehr an das, woran sie sowieso schon glauben, und immer weniger an das, was sie eh nicht glauben wollen oder eben können.

Und dann kommt es ganz auf den Charakter eines Menschen an, wie er das angesammelte scheinbare Wissen verwendet. Nur die allerwenigsten nutzen es für sich. Die meisten verwenden es dazu, ihre Möglichkeiten immer noch enger zu machen. Wenn jemand also glaubt, dass man da so oder so nichts machen kann, weil er vielleicht glaubt, keinen Einfluss auf die Regierung zu haben, dann führt das so weit, bis er nicht nur glaubt, dass dem so ist, sondern dass er sogar selbst jedes Aufkeimen eines Handlungsimpulses unterdrückt und gar nichts mehr tut.

Aber Menschen, die nichts tun, sind genau das Ziel der Mächtigen dieser Welt. Wer nichts tut, beginnt alles zu akzeptieren, und wer alles akzeptiert, der begehrt niemals auf. Dazu ist er zu feige, zu träge und zu dumm. Dummheit hat nun Jahrhunderte lang auf dieser Welt regiert. Nahezu jeder technische Fortschritt wurde augenblicklich auch in eine Waffe umgesetzt. Dabei könnte man mit ein paar Atomen einiges mehr als bloß Bomben herstellen. Daran sieht man, dass es keine Bewertung von mir ist, wenn ich sage, dass die Menschen dumm geworden oder gemacht worden sind, es ist nur eine Feststellung. Sie betrifft mich selbst genauso wie jeden anderen, der immer noch zuschauen kann, wie wir Menschen einfach alles lieber zerstören, als damit diese Schöpfung in ihrer Schönheit zu erweitern.

Aber was hat dies mit dem Inhalt dieses Buches zu tun? Na ja, alles das wurde mir in einer Sekunde bewusst. In einer jener magischen Sekunden zwischen Leben und Tod. Allerdings hat es Jahrzehnte gedauert, bis mir diese in kleinen Einzelschritten in den Verstand überliefen und sich so formten, dass ich es auch mit dem Verstand erfassen und nun auch formulieren kann. In einer solchen Sekunde, das behaupte ich jetzt zumindest, empfängt man das ganze Wissen und die gesamte Weisheit des Universums. Dann ist es zumindest mal irgendwo auf einer feinstofflichen Festplatte gesichert. Jetzt kann es jederzeit abgerufen werden. Es muss abgerufen werden, sonst bleibt es weiterhin verborgen. Aber wie aktiviert man denn die Abruffunktion? Ganz einfach, mit Interesse. Der Verstand ruft aus unserem Bewusstsein immer jene Daten auf, welche dem Impuls unseres Interesses entspricht. Wir erinnern uns: „Energy flows, where attention goes."

Energie fließt immer in Richtung der Aufmerksamkeit! Wer also wirkliches Interesse an etwas hat, der kann auf Informationen zugreifen, welche bisher jenseits unserer Reichweite gewesen sind. So weit weg, dass wir glauben, sie kämen aus einer anderen Welt

AUS EINER ANDEREN WELT ODER DOCH NUR VERRÜCKT?

Natürlich gibt es unzählige andere Welten außer dieser materiellen Ebene. Aber nicht jeder liebevoll klingende Gedanke ist deswegen gleich die Stimme eines Engels, wie auch lieblose Gedanken nicht unbedingt vom Teufel persönlich sein müssen.

So viele Menschen wie heutzutage behaupten, dass irgendwelche besonders hohen Geistwesen durch sie sprechen, lässt erkennen, dass es sich bloß um Stimmen des eigenen Verstandes handelt. Diese werden dann – übrigens zum Zweck der persönlichen Unschuld – als fremde, entweder gute oder böse, Wesen deklariert. Und wenn was schiefläuft oder die Stimmen lügen, dann können sie immer noch die Verantwortung ablehnen und sagen, dass sie es ja nur gechannelt haben und daher nicht verantwortlich für den Inhalt seien.

Hier gilt es, immer ganz genau hinzuschauen, ob es sich um eine Persönlichkeitsstörung oder tatsächlich um Offenbarungen aus anderen Welten handelt. Aber ich will noch einmal festhalten, dass es solche Offenbarungen mit Sicherheit gibt, aber sie sind selten und ich glaube nicht, dass sie sich selbst an einem Marktstand oder einer Esoterikmesse feilbieten. Und ganz bestimmt auch nicht unbedingt im Vatikan oder innerhalb anderer Religionen. Wenn Gott selbst sich entscheidet, der Menschheit eine Botschaft zu geben, dann würde er es bestimmt selbst machen und zwar so, dass sie von uns allen gehört wird.

Und wirklich, das tut er oder besser gesagt tut ES bereits! Gott spricht unablässig zu uns allen, direkt durch seine Schöpfung. Gut, möglicherweise haben wir erwartet, dass er in Deutsch oder einfach in unserer Muttersprache und mit Worten und so spricht. Aber bei diesem Durcheinander von Sprachen und Dialekten ist das Risiko, missverstanden zu werden, extrem groß. Da musste ‚es' eine Sprache finden, welche alle Menschen und Wesen verstehen. Und diese Sprache ist die Sprache der Natur.

Diese ist eine Sprache des Herzens, weil die Natur bei uns allen Gefühle hervorruft. Und diese sind die Offenbarungen, welche direkt aus der Quelle kommen. Am Anfang war nicht das Wort, sondern das Gefühl! Das Wort war nur am Anfang der Materie, aber es ist nicht der wirkliche Anfang. Die Bibel und andere sogenannt ‚Heilige Bücher' sprechen immer nur von Welten innerhalb der engen Grenzen des menschlichen Verstandes. Und wenn man dies nicht weiß, dann missinterpretiert man einfach alles. Viel näher als Worte ist zum Beispiel Musik der göttlichen Sprache. Auch Düfte, Naturgeräusche und Farben sind näher an der Quelle als Worte.

Für Verstandesmenschen sind es aber auch die Zahlen. Wer das Wesen der Zahlen versteht, der dringt automatisch zur Quelle durch. Worte kommen erst viel später und auch dann nur in Form von tief greifenden Gedichten, Liedern oder Gleichnissen etc. Und trotz alledem entscheidet sich alles bei demjenigen, der diese Schwingungen empfängt. Also bei Dir und mir. Wenn wir verstehen wollen, dann verstehen wir auch! Im Gegensatz nämlich zu unseren Augen und Ohren, welche blind und taub werden können, ist unser Herz immer sehend und hörend! Wir können es nur übertönen, mit einem lauten Verstand.

Aber lass uns noch einen Schritt weiter gehen. Die Sprache des Schöpfers oder besser gesagt der Schöpferin – es ist ja eher die Mutter, welche die Kinder gebiert – ist Energie. Energie ist Schwingung. Und diese besteht auch jenseits dessen, was wir bewusst wahrzunehmen in der Lage sind. Bevor uns Schwingung bewusst wird, muss sie auf eine dem Bewusstsein zugängliche Frequenz eingestellt werden. Wie beim Fernsehen oder Radio. Bevor die Bilder und Töne aus unseren Apparaturen kommen können, muss der Empfänger (also Du) auf die entsprechende Frequenz eingestellt sein. Du wirst nicht die Botschaft oder den Film vom ZDF auf dem Kanal (Frequenz) des Schweizer Fernsehens sehen und die Sendungen von Radio Bayern auch nicht auf dem Sender des Radio DRS hören. Logisch, weil sie alle auf die Signale des entsprechenden Senders bezogen sind.

Deshalb sagte ich, dass wir unsere Aufmerksamkeit lenken müssen. Denn das ist die Methode, wie man seinen eigenen Empfänger auf eine Sendestation ausrichtet. Interessierst Du Dich für Sport, so wirst Du bei Deinem Fernseher oder Radio die entsprechenden Kanäle vermutlich an prominenter Stelle Deiner Fernbedienung gespeichert haben. Interessiert Dich Lifestyle oder Ernährung, dann genauso, oder? Ja, und genau so kann man sich selbst, seine zentrale Sende- und Empfangsstation auf jene Frequenz eintunen, die uns am meisten interessieren.

Und jetzt die schlechte Nachricht: Schon mal von Elektrosmog gehört? Mobilfunk? Mikrowellen? HAARP? Radar? Elektrizität? Gut, dann weißt Du jetzt auch, was Deinen Empfang aus der Quelle stört. Dieser elektronische Smog, dieser unhörbare Lärm ist in Wahrheit so laut, dass er beinahe alle inneren Impulse übertönt. Man muss also seinen Empfänger nicht nur haargenau einstellen, sondern auch ganz genau hinhören, um unterscheiden zu können, woher welche Stimmen zu einem sprechen. Achte lieber auf die Gefühle als auf die Worte. Schöne

Worte sind schnell gemacht, aber Gefühle verraten den Ursprung selbiger. Egal was einer sagt, es ist immer die Motivation, welche entscheidend dafür ist, ob etwas hilfreich oder hinderlich ist.

Da sind also viele Fallen und Details zu beachten, damit man sich nicht täuscht. Daher ist es von äußerster Wichtigkeit, damit aufzuhören, sich selbst zu täuschen! Enttäusche zuerst Dich, bevor Du behauptest, dass jene Stimmen, die Du hörst, von aufgestiegenen Meistern, Engeln oder dergleichen kommen! Zuerst gilt es immer, bei sich selbst Klarschiff zu machen. Vorher würde ich vorsichtig sein mit Experimenten bezüglich anderer Welten. Eine gute Selbsteinschätzung ist unabdingbar! Daher ist dies innerhalb der Ausbildung für meine Trainer Punkt 1. Denn wer sich selbst nicht einschätzen kann, der kann auch seine Studenten nicht einschätzen, und wer dies nicht kann, der kann auch nicht helfen. Wenn man Menschen begleiten will, dann muss man wissen, wohin sie wollen und wer da gerade unterwegs ist. Wenn Du nicht weißt, wer Du selbst bist und wie Du bist und wie Du Information filterst, wirst Du auch niemals wissen, wen Du begleiten sollst. Dann würden beide umherirren und keinem würde es etwas bringen. Daher empfehle ich, diese Punkte ganz gewissenhaft unter die Lupe zu nehmen, es lohnt sich!

WILLE

Der Wille ist die Instanz, die dazu in der Lage ist, Energie zu lenken und fokussiert zu halten. Wenn ich ein Interesse habe, dann brauche ich auch den Willen, der mein Vorgehen lenkt und mich auch dann weiter drängt, wenn ich in meine Bequemlichkeit abzusinken drohe.

Wenn da ein Ziel ist, ein Interesse, dann gibt es auch einen Weg. Aber wenn ich diesen Weg gehen will, dann bedarf es einer klaren Entscheidung und eines starken Willens, der mich dazu veranlasst, diesen Weg auch zu gehen. Kurz gefasst: Wo ein Wille ist, da ist auch ein Weg. Noch kürzer gefasst: Der Weg ist Ziel. Noch kürzer: Tun!

Denn eins wurde mir auch während meinen wenigen Sekundenausflügen in andere Dimensionen, Welten oder Ebenen – nenne es, wie Du willst – sehr deutlich: Wo kein Wille ist, da bleibt man auch. Aber um von dort wegzukommen, wo man ist, benötigt es einen immens starken Willen. Und jetzt Vorsicht! Da die Willenskraft die stärkste ist, die wir besitzen, ist es wichtig zu wissen, was diese Kraft aktivieren kann. Angst! Angst aktiviert sofort die absolute Willenskraft, allerdings in die verkehrte Richtung. Ich will nicht sterben. Daher ist es von eminenter Wichtigkeit und von höchster Brisanz, alle seine Ängste integriert zu haben!

Aber auch unser Interesse, am besten eine Vision, kann den Willen nachhaltig und stark aktivieren. So stark sogar, dass man trotz der möglicherweise noch vorhandenen Ängste immer wieder den nächsten Schritt tut. Daher ist Mut eine Frage der Motivation, welche stärker ist als die Angst, die uns davon abhalten will, das Richtige zu tun. Mut ist also nicht ohne Angst möglich, aber es bedeutet, dass sie einen nicht steuert. Die Angst sagt immer, was sie nicht will, und dementsprechend steuert sie auch unsere Aufmerksamkeit dorthin, wo wir nicht hinkommen wollen. Die Liebe, das Vertrauen sagt jedoch immer nur das, was sie will, und es wäre in der Tat weise, stets diesem Pfad zu folgen.

Wer schon mal ‚drüben' war, weiß, wie viel Willenskraft es benötigt, in den Körper zurückzukehren. Da muss schon eine Vision dahinter wirken, um eine solche Willenskraft in uns zu aktivieren, dass wir nicht nur zurück wollen, sondern es auch tatsächlich schaffen.

Stell Dir einfach vor, dass Du Dich an einem Ort der Vollkommenheit befindest, wo alles perfekt ist und Du nur Liebe und Geborgenheit spürst. Und jetzt rechne Dir mal aus, wie viel Willenskraft Du benötigen würdest, von dort wieder in unsere ‚normale' Welt einzutauchen!

DUNKLE WELTEN

Natürlich gibt es auch Menschen, welche jenseits dieser Matrix alles andere als ein himmlisches Umfeld vorfinden. Es sind jene Menschen, welche ein Leben lang der Angst gefolgt sind. Ihre jenseitige Welt gestaltet sich – übrigens genauso, wie es die unsrige auch tut – gemäß dem vorhandenen Bewusstsein. Insofern ist es möglich, auch ‚drüben' in einer grausamen Welt zu landen. Diese Menschen wollen dann um jeden Preis wieder hierher zurück, aber da sie dort ihren schlimmsten Ängsten, anstatt ihrer Liebe und ihrem Vertrauen in die Schöpfung begegnen, aktiviert dies das Prinzip des Erschaffens per Widerstand.

Wenn Du etwas auf keinen Fall erleben oder wieder erleben willst, dann ist Deine Aufmerksamkeit genau dort – um die Angst in Schach zu halten – fixiert. Und wie ein Magnet zieht es Dich genau dorthin, ob Du willst oder nicht.

Wir können auf zwei Arten die Erschaffung von Realität beschleunigen: Mit Wunsch oder Widerstand. Folge daher lieber Deinen Wünschen, dann folgst Du eher Deinem Herzen, als wenn Du Deinem Widerstand und somit der Angst folgst.

Ich meine natürlich nicht diesen alltäglichen Wünschen, sondern jenen, welche tief aus Deinem Herzen kommen. Was von Herzen kommt, das findet auch den Weg zum Herz. Und die Liebe, so jedenfalls meine Interpretation, ist, war und wird immer das Ziel aller Ziele sein und bleiben. Die Frage ist nur: Warum diesem Weg nicht gleich folgen, sondern erst nach viel Leid? Weil es die Bibel predigt? Weil Du glaubst, dass Entwicklung anders nicht möglich ist oder weil Leiden in dieser Welt so hoch angesehen ist? Warum es sich schwer machen, wenn es auch einfach ginge? Worin liegt in so einem Verhalten der Sinn? Und wenn da keiner ist, wer oder was zwingt Dich ein sinnloses Leben zu leben?

Wenn Du diese Frage für Dich beantwortest, dann merkst Du genau, ob Du dem Pfad Deines Herzens oder dem Weg der Angst folgst. Es macht an dieser Stelle Deiner Forschungen keinen Sinn zu sagen, dass Du sowieso nicht der Angst folgen würdest. Schau lieber ganz genau hin! Sei für einmal nicht am falschen Ort großzügig mit Dir, sei streng! So streng wie ein guter Lehrer mit seinen Schülern ist. Beschönige nichts, denn sonst wirst Du möglicherweise weiterhin dem Pfad des Verderbens folgen und letztlich irgendwo landen, wo Du eigentlich nie hin wolltest! Solches Leid wäre leicht zu vermeiden und ich wünsche jedem Leser die Weisheit, hier die richtige Entscheidung zu treffen und nicht einfach weiterzulesen und diesen wertvollen Stoff bloß wie eine Droge zu konsumieren.

Meine Worte sind nicht dazu gedacht, einfach konsumiert und in einer Gehirnbibliothek abgelegt zu werden. Sie wollen Dich herausfordern! Was heißt Heraus-fordern? Fordern heißt Fördern. Wenn Dich jemand befördern will – und das hört sich hoffentlich nicht schlecht für Dich an –, dann muss er Dich, so schön Dein bisheriger Aufenthaltsort auch sein mag, von dort, wo Du bist, woanders hinbefördern. In geschäftlichen Dingen wollen immer alle gerne befördert werden, aber in diesen Dingen offenbar nicht. Im Gegenteil! Wenn einer auftaucht und sie als Mensch befördern möchte, dann wehren sich die meisten mit Händen und Füßen. Sie fühlen sich angegriffen, nicht wertgeschätzt, nicht gut genug und beschuldigen Dich, dass Du sie bedrängst oder verändern willst. Dabei willst Du ihnen nur dienen und ihnen helfen, ihre Ziele zu erreichen, mehr nicht.

Deshalb frage ich immer doppelt nach, wenn mich jemand um Hilfe bittet. Will er das wirklich? Und ist er auch bereit, den Preis dafür zu bezahlen? Wenn nicht, dann ziehe ich lieber weiter zu jenen, welche nicht nur nach Hilfe schreien, sondern auch bereit sind selbst etwas dafür zu tun, damit es ihnen wieder besser geht.

Gute Schüler sind genauso schwer zu finden wie wirklich gute Lehrer. Hast Du also das Glück und so jemanden gefunden, dann gehe diesen Weg bis zum Ende! Denn ständig die Lehrer zu wechseln, weil keiner so ist, wie man ihn gerne hätte, führt nur zu einem Resultat: Man hüpft ein Leben lang vom einen zum anderen und gelernt hat man nur, dass scheinbar nichts funktioniert. Na ja, schon wieder ein Leben vertan, was soll's. Wir können ja wiederkommen und es erneut versuchen. Stimmt, aber wie oft haben wir das wohl schon getan? Wie oft haben wir möglicherweise schon gelebt? Und wie lange wollen wir weiterhin einem Pfad folgen, der noch nie zum Ziel geführt hat? Wenn Du meinst, es genüge, wenn Du sagst: „Davon weiß ich ja nichts und woher weiß ich, ob das, was ich sage, auch stimmt?", dann wird das wohl dazu führen, dass Du mich ablehnst, aber trotzdem wirst Du einmal mehr wieder dort landen, wo Du nie hinwolltest.

Mich kümmert das relativ wenig. Wenn dies Dein Wille ist, dann soll es auch sein dürfen. Damit habe ich kein Problem und ich bin auch nicht auf der Suche nach irgendwelchen Anhängern. Die beschweren alles nur. Ich bin da, um zu helfen, und das bedeutet für mich, dass es meine Aufgabe ist, Dir ein Angebot zu machen. Dann gehe ich weiter. Auch hier: Entscheide selbst. Denn wer die Entscheidungen trifft, der trägt auch die Verantwortung für alle auftretenden Resultate seines Tuns. Ich will nicht für Dein Leben verantwortlich sein. Ich trage schon genug an der Verantwortung für mein eigenes Leben. Daher sage ih Dir nur eins: Wenn Du nicht sicher bist, wohin Dein Weg Dich führt, dann komm und checke es ab, bevor Du weiterziehst. Gib Dir wenigstens einmal im Leben die Chance, Dir selbst zu begegnen und Dir selbst so nah zu kommen, dass Du zumindest nie mehr vergisst, wer oder was Du in Wirklichkeit bist.

Wir geben vielleicht vor, hier zu sein, um dies oder jenes zu erreichen, Karriere zu machen oder gute Eltern zu sein. Aber in Wahrheit befinden wir uns wohl eher auf einer Reise zu uns selbst. Diese Reise wird erst dann zu Ende sein, wenn wir uns gefunden haben. Daher wird Dir jeder sagen, dass er Gott gefunden hat, als er sich selbst fand, und dass damit seine Suche aufhörte. Dann begann sein Leben so richtig.

Ja, ich weiß, es gehört sich nicht, den Menschen mit Gott auf eine Stufe zu stellen. Aber letztlich wäre es die einzig konsequente Logik der Überlegung, dass wir irgendwoher gekommen sind. Ist ein Tropfen aus dem Ozean nun kein Wasser mehr, nur weil er in eine Flasche gefüllt und abtransportiert wurde? Ist dieser Tropfen nun nicht mehr der Ozean? Gut, vielleicht nicht, aber er besteht immer noch aus derselben Essenz, aus welcher er hervorging. Einverstanden? Gut, und von diesem Standpunkt her gesehen meine ich das, wenn ich sage, Gott und Du sind letztlich Eins. Da ist keine Wertung und keine Konkurrenz, sondern nur die Vorstellung, dass wir alle aus derselben Quelle entsprangen und diese Essenz noch immer in uns tragen. Wir sind vermutlich eher ein Gedanke Gottes, der in virtuelle Welten hinausgezogen ist und sich nun auf seinem Rückweg befindet.

Meine Erfahrung ist die, dass, je näher wir der Quelle kommen, desto mehr befindet man sich mit ihr auf Augenhöhe. Je weiter weg man sich befindet, desto größer wird Gott. Also, je kleiner ein Mensch sich seinem Gott gegenüber fühlt, desto weiter entfernt von ihm ist er. Aha, Moment! Wenn ich Gott also vergöttere und den Menschen als kleinen Sünder betrachte, wie es Gläubige eigentlich immer tun und es von allen Religionen auch gefordert und gefördert wird, bewirkt also in der Tat eine Trennung von ihm! Hm ... das scheint mir doch irgendwie suspekt zu sein. Oder ist das gar so gewollt?

Wie dem auch sei, vielleicht weißt Du jetzt, warum kein wirklich Erwachter je einer Religion angehört oder eine gegründet hat und wenn doch, dann wurden sie mit Sicherheit exkommuniziert. Ja, um dann, nachdem sie schon lange tot sind, heilig gesprochen zu werden. Selbst Jesus würde in Rom keine Chance haben. Warum? Weil sich ein Erwachter niemals in ein Konzept sperren lässt. Weder in ein religiöses noch in ein politisches. Auch die zwischenmenschlichen Gefängnisse, welche oft in Freundschaften und Beziehungen bestehen, gehen sie nicht ein.

Daher sind sie meistens alleine und dies sogar gerne!

Es ist nicht immer ein Zuckerschlecken, mit einem erwachten Menschen zusammenzuleben! Das schaffen glaube ich nur ebenfalls Erwachende oder gar selbst Erwachte. Gerade wenn man Beziehungen betrachtet, wird klar, dass beständige Beziehungen nur unter Menschen derselben Ausrichtung und Qualität möglich sind. Wenn der eine Partner sich nur für Sport und der andere sich für Geistiges interessiert, dann dauert es nicht lange und sie beginnen sich auseinanderzuleben. Keiner ist besser als der andere! Aber diese Wege werden sich trennen müssen. Entweder vor oder aber spätestens nach dem Tod.

Ich allerdings bevorzuge das Leben im Hier und Jetzt. Es ist auch für den anderen schwer, mit Dir oder mir zusammen zu sein, wenn unsere Interessen und somit Visionen auseinanderlaufen. Daher wäre es für beide Parteien das Beste, sich zu trennen, wenn dies klar wird. Beide könnten glücklicher sein! Nur folgen auch hier viel zu viele Menschen dem Weg der Angst und bevorzugen eine unbewusste Trennung wie zum Beispiel durch den Tod. So sind sie dann fein raus und müssen nicht zu einer Entscheidung stehen, aber insgeheim wussten sie, dass die gemeinsame Zeit schon lange abgelaufen war. Dass viele dadurch Jahre zu früh sterben, scheint den Betroffenen egal zu sein. Aber wie gesagt: Jedem das Seine.

Du musst einfach wissen, es gibt eine Option. Es gibt Möglichkeiten, aus diesem Spiel auszusteigen und es von einer ganz anderen Warte aus zu erfahren.

MACHT

Natürlich verleiht das Wissen, welches uns zur Verfügung steht, auch Macht über gewisse Dinge und vor allem über Menschen. Daher sollten wir jegliche Lust auf Macht, bevor wir diese erlangen, abgelegt haben. Macht ist für einige Menschen ein wünschenswertes Ziel, aber es verlockt viel zu schnell zum Missbrauch. Wer Macht anstrebt, der sollte sich das also gut überlegen. Eigentlich sollte sich keiner zumuten Macht zu haben, der diese anstrebt. Die einzig sinnvolle Macht, welcher Du gewachsen bist, ist die Macht über Dich selbst. Strebe nur danach und alles Weitere wird sich ergeben, wenn Du so weit bist.

Erinnere Dich: Alles, was wir tun, kehrt zu uns zurück. Jede auch noch so kleine Schwingung, die wir aussenden, findet eines Tages zurück zu uns. Sende daher auch nur das aus, was Du selbst gerne empfangen möchtest. Das ist ein weiser Rat, übergehe ihn bitte nicht. Wenn Du also geliebt werden willst, dann liebe. Wenn Du beschenkt werden willst, dann verschenke Dich. Wenn Du erfolgreich sein willst, dann hilf anderen erfolgreich zu werden. Das ist ein ganz einfaches Prinzip und zudem funktioniert es immer. Du willst eine friedliche Welt? Dann sei friedlich, und zwar bis in die letzte Zelle Deines Seins hinein. Solange wir selbst das, was wir wollen, nicht besitzen, kann es unmöglich den Weg zu uns finden. Du weißt sicher: Wer hat, dem wird gegeben. Und genau das ist damit gemeint.

Es ist nicht unfair, dass die einen mehr haben als die anderen, und auch nicht, dass Dein Vorgesetzter Dein Vorgesetzter ist. Alles ist haargenau richtig so, wie es gerade ist. Das heißt aber nicht, dass wir dies nicht ändern könnten. Aber der erste Schritt ist immer die Erkenntnis, dass alles gut ist, wie es gerade ist. Auch Du. Du stehst genau an der richtigen Stelle auf diesem Planeten, genau in der richtigen Familie und mit den richtigen Freunden und auch Feinden. Das und Deine Dankbarkeit dafür, dass es ist, wie es ist, sind die Voraussetzungen, die es braucht, damit Du letztlich dort ankommst, wo Du hin willst.

Macht hat schon viele große Menschen zu Fall gebracht. Nimm das bitte nicht auf die leichte Schulter. Damit würdest Du nur beweisen, dass Du noch nicht für sie bereit bist. Entspanne Dich also und konzentriere Dich ganz auf die Arbeit an Dir selbst. So zumindest empfehle ich es meinen Trainern und so halte ich das auch mit mir selbst.

Du befindest Dich also auf einem Weg, der Dich ganz behutsam mit immer mehr Macht ausstattet. Zeige dem Universum von Anfang an, dass Du mit ihr umzugehen weißt. Zeige dem Universum Deine Integrität. Es wird es bemerken und entsprechend honorieren. Das Leben honoriert und befördert immer jeden gerne weiter. Sofern er auch die entsprechende Resonanz dafür mitbringt. Und genau um diese Resonanz geht es immer, wenn man sich mit Bewusstsein befasst. Nur so viel kann ich sagen: Sobald der Tod seinen Schrecken verliert, gewinnst Du Macht über Dein Leben.

WENN DIE SEKUNDE VORBEI IST

Wenden wir uns abschließend noch einmal der Frage zu, mit dem ich dieses Büchlein einmal begonnen habe. Wie ist es eigentlich, wenn man solche Sekunden erlebt und dann zurück in diese dreidimensionale Welt geht?

Ich kann und will nicht behaupten, dass dies für alle gleich ist, aber bei mir war es so: Ich begann das Leben zu lieben. Vorher liebte ich es zwar auch schon, aber mehr von der Seite her, was das Leben mir gibt. Dies hat sich nach und nach dahingehend verändert, dass ich mich immer intensiver damit befasste, was ich dem Leben zu bieten habe. Mittlerweile kümmert mich am meisten, was ich den Menschen geben kann. Und seit dem Tag, an dem ich das Geben lernte, wurde ich ununterbrochen – und das dauert bis heute an – von allen Seiten her beschenkt.

Ich durfte und darf die wundervollsten Menschen treffen und alle meine Freunde sind echte Freunde, und ja, auch meine Partnerschaft ist von einem unglaublichen Fundament begleitet und die letzten 30 oder mehr Jahre habe ich mich jeden Morgen gefreut aufzustehen. Jeden Morgen, gleich nach dem Erwachen wurde und wird mir sofort bewusst, dass ich lebe! Schon klar, dass wir das alle wissen, wenn wir morgens aufwachen. Aber nicht in einer solchen Intensität. Wow, echt, ich lebe! Wenn Du wüsstest, wie geil das ist! Ich weiß einfach nicht mehr, über was ich mich beklagen könnte. Ja, das kann auch ein Problem sein. Überlege doch mal: Wenn Du nichts mehr zu beklagen hättest und über niemanden mehr lästern kannst und Du Dich auch nicht über Deine Krankheiten beschweren kannst, worüber würdest Du denn dann reden? Und wenn es Dich selbst nicht betrifft, denn das tut es selten,

Du kennst bestimmt Leute, die über nichts anderes reden, ja? Was würden jene tun? Wären sie glücklich? Wüssten sie denn überhaupt etwas anderes, worüber man reden könnte als über das Wetter, die neuen Schuhe von dieser oder jener oder über Sport? Haben sie denn überhaupt eine Basis für tiefere Dinge geschaffen? In einem Leben, welches vornehmlich aus Arbeit und Fernsehen bestand? Worüber sprechen die? Und das wäre ja noch nicht mal das Schlimmste. Denn wenn weniger geplappert wird, dann wird es endlich wieder ein wenig stiller. Aber eben, mit der Stille umzugehen ist noch schwieriger als nicht über Belanglosigkeiten zu plappern. Wer hat denn schon gelernt, mit Stille umzugehen? Wer hat denn selbst Stille in sich?

Ich sage Dir, was dann geschehen wird. Wenn es im Außen still wird, dann taucht erst mal das Riesenstimmengewirr des eigenen Verstandes auf. Dann geht es erst richtig los mit dem Geplapper, aber diesmal intern. Wer hat und wenn ja wo gelernt, damit umzugehen? Ich kenne keinen. Zumindest keinen ‚normalen' Menschen, der nur die staatlichen Schulen und Universitäten besucht hat. Also die meisten. Nicht selten werden Menschen erst recht wahnsinnig, wenn sie nur mit sich selbst konfrontiert sind. Nicht umsonst gilt Einzelhaft und Schlafentzug als Foltermethode. Wenn wir uns nicht mal im Schlaf ein wenig von unserem Verstand zurückziehen können, dann wird es sehr schnell sehr ernst.

Aber eines Tages wechseln wir alle die Seiten. Jeder von uns wird dann mit sich selbst und nur mit sich selbst konfrontiert sein. Und ich hoffe, es kam klar genug durch, dass deswegen viele Menschen einer eher dunklen und ungemütlichen Welt begegnen. Sie begegnen eben allem, was in ihnen ist. Wie ausgeglichen unsere innere Waage von guten und schlechten Seiten ist, das wird sich dann nicht mehr umgehen lassen. Da hilft kein Reden, weil da wird ein Moment lang keiner sein. Da hilft es nicht, so zu tun als ob. Da zählt nur noch das, was echt ist. Und zu warten, bis der Moment kommt, ohne sich darauf vorzubereiten, das ist schlicht und einfach dumm. Wir bereiten uns ja sogar oft akribisch auf einen Urlaub vor. Und wenn es sich um einen abenteuerlichen Urlaub handelt, noch viel mehr. Und echt, das Leben ist ein Abenteuer! Vor allem dann, wenn es scheinbar zu Ende geht. Und da dies jeder Mensch erlebt, ist es nur vernünftig, sich auch darauf entsprechend vorzubereiten. Oder willst Du Dich irgendwann gerne plötzlich in Badehosen und mit einem Schnorchel bewaffnet am Fuße des eisigen Himalaya wiederfinden? Oder in voller Bergmontur an einem wundervollen Strand in der Sonne liegen? Na, ich weiß nicht so recht. Ich würde es mir gut überlegen. Aber wie schon gesagt, keiner verbietet Dir, den harten Weg zu beschreiten. Aber ich nehme es lieber gemütlich. Vielleicht nicht im Sinne der Allgemeinheit, was diese als gemütlich bezeichnet. Aber langfristig gehe ich mit Sicherheit einen viel gemütlicheren Weg als alle Menschen, denen ich in meinem Leben bisher begegnet bin. Ich tue lieber schon jetzt das, was ich fühle. Denn meine Gefühle sind meine Welt. Früher waren es meine Gedanken. Noch früher war es das, was ich besaß. Aber heute ist es das, was ich bin.

Relativ schnell nachdem ich wieder aus meiner Sekunde zurück war, wurde mir Folgendes klar: Es geht nicht um Haben, sondern um Sein. Wem dies klar ist, der wird auch seinen Weg nicht so schnell aus den Augen verlieren. Daher wünsche ich jedem Menschen diese Erfahrung. Das ist nicht nur durch Unfälle und Nahtodeserfahrungen möglich. Ich wusste damals eben auch noch nicht, dass es einfachere Methoden gibt. Aber ich habe solche entwickelt und viele andere auch. Hol sie Dir, wenn Du sie kennen lernen willst.

Du kommst also zurück und wirst vermutlich zum ersten Mal erfahren, wie sich echte Dankbarkeit anfühlt. Das ist wundervoll! Ich glaube sogar, dass dieses Gefühl dafür zuständig ist, dass sich die Menschen, welche Dankbarkeit erfuhren, in ihrem tiefsten Sein verändern. In gewissen Momenten danach fühlte ich mich zum Beispiel kleiner als je zuvor. Nicht schlecht, klein. So klein in einer so gewaltig großen Schöpfung, puh ... da fühlte ich mich schon ein wenig überfordert mit dem Leben. Aber es hat mich demütig werden lassen.

Demut ist für mich der wahre Mut. Sich als klein, aber rein zu fühlen, war und ist die beste Basis für meine Größe. Nicht mehr geliebt werden zu wollen, sondern zu lieben, steigerte mein Liebesvermögen. Verstehst Du, was ich sagen will? Ich sage nicht: Oh, ich bin ja so bescheiden. Nein! Ich bin in der Tat noch weit entfernt davon, aber dennoch näher als je zuvor. Auch meine Liebe und meine Dankbarkeit befindet sich noch ganz am Anfang. Aber wenigstens fühle ich, dass es langsam in mir aufkeimt. Und das macht mich glücklich. Weil ich fühle, dass dies der Sinn meines Lebens ist.

Lernen zu lieben, alles und jeden, ohne Vorbehalt. Zudem wurde mir klar, dass ich etwas Besonderes bin. Und wiederum Vorsicht! Ich sage nicht, dass ich besser bin. Im Gegenteil! Aber ich bin – so wie Du übrigens auch – ein Unikat! Zumindest in dieser Realität. Und dies ist doch genug Anlass zu vertiefter Freude und Dankbarkeit, oder etwa nicht? Ja, auch Du bist grundsätzlich einfach mal wundervoll! Das solltest Du unbedingt nicht nur wissen, sondern in seiner ganzen Tiefe fühlen!

Es ist so schön, dass es Dich gibt! Das meine ich ernst.

UND NOCH EINE SEKUNDE

Bevor ich es vergesse, da war noch so eine von diesen unglaublich ewigen Sekunden. Diese erlebte ich allerdings unter kontrollierten Bedingungen mit einer meiner eigenen Übungen, welche ich eigens für mein FreeSpirit®-Training entwickelte.

Ich habe diese Übung ‚Vergangenheit ändern' genannt. Ich erspare Dir die Details der Übung auch deswegen, weil ich nicht möchte, dass irgendein Leser diese Übung möglicherweise falsch und ohne kundige Begleitung durch einen erfahrenen Trainer einfach irgendwie durchführt. Aber Du wirst gleich lesen, wie tiefgreifend diese Erfahrung für mich war.

Es war mal wieder so ein dramatischer Moment in meinem damals noch so jungen Leben. Ich war ungefähr vier Jahre alt. Ich spazierte mit meinem Vater und meiner Schwester den Gehsteig einer Straße entlang. Da erblickte ich plötzlich meine Mami auf der anderen Straßenseite und ich wollte unbedingt gleich zu ihr. Tja, und wie kleine Kinder eben so sind, löste ich meine Hand von der meines Vaters und rannte ohne irgendeinen Gedanken einfach los. Ich freute mich so, meine Mami zu sehen, dass ich nicht im Entferntesten an die Gefahren einer Straße dachte. Ich rannte also los und sah mich schon in der geborgenen Umarmung meiner Mami.

Natürlich rechnete ich nicht damit, dass just in dem Moment, ich mich mitten auf der Straße, gleich ein Fahrzeug herangebraust kommen könnte und ... es kam. Ja, und es kam, wie es kommen musste. Das Auto erfasste meinen kleinen Körper und schleuderte mich in die Luft. Im Nachhinein erfuhr ich irgendwann, dass ich schwer getroffen wurde und gravierende innere Verletzungen davongetragen habe. Was ich aber nicht wusste, ist, warum ich fast mein ganzes Leben lang unter so unsäglichen Rückenschmerzen litt. Diese Schmerzen waren sehr, sehr heftig. Sie traten sporadisch auf und dementsprechend veränderte sich meine ganze Körperhaltung. Immer verspannt aus Angst, es könnte gleich wieder so ein schier unerträglicher Anfall von Schmerzen kommen.

Dies hat meine Haltung nachhaltig geprägt und so gehe ich auch heute noch oft so, wie man es von einem coolen Cowboy erwartet, aber auf jeden Fall nicht so, wie ein modernes Stadtkind. Gut, heute gehört dieser spezielle Gang, den ich mir angewöhnt habe, vielleicht zu meinem Markenzeichen. Aber die über 30 Jahre andauernde und immer wieder auftretende Qual dieser Schmerzen bestimmte so ziemlich mein ganzes Leben. Ich weiß nicht, was ich alles versucht habe, um diese Schmerzen loszuwerden. Die Röntgenbilder meines Rückens zeigten deutlich, dass meine Wirbelsäule nicht so ist, wie sie sein sollte. Die Ärzte prophezeiten mir schon ab 40 ein Leben im Rollstuhl. Wenn ich sage, dass die heftigsten Schmerzen in gewissen Intervallen auftraten, dann bedeutet das übrigens nicht, dass ich zwischendurch schmerzfrei gewesen wäre. Aber im Vergleich zu den akuten Momenten konnte ich jene relativ gut ertragen. Menschen, die nicht so schmerztrainiert sind, hätten aber schon diesen meinen Dauerschmerzzustand wohl kaum ertragen. Aber wenn es akut wurde, dann war das etwa so wie ein verklemmter Ischias-Schmerz, nur am ganzen Rücken. Alles zog sich dermaßen zusammen, dass ich nebst dem brutalen Schmerz zudem keine Luft mehr bekommen konnte und so musste ich mich, egal wo ich mich gerade befand, unbedingt hinlegen.

Ich weiß nicht, wie oft ich mich heimlich in ein fremdes Treppenhaus oder eine dunkle Gasse schleppte und mich dort stöhnend hinlegen musste. Es war mir peinlich, sehr sogar, und ich wollte nicht, dass mich jemand so leiden sieht. Ich hatte schon damals Angst, dass sie mich dann in ein Krankenhaus verfrachten und an mir herumexperimentieren und möglicherweise alles noch verschlimmern würden. Schmerzmittel hatte ich natürlich alle durchprobiert, aber bei dieser Intensität von Schmerz zeigten sie keinerlei Wirkung. Also entschloss ich mich, ohne Schmerzmittel und möglichst ohne Operation irgendwie damit klarzukommen. Ehrlich gesagt sah ich auch keine Alternative dazu. Ich wusste, dass ich dies alleine zu meistern habe und – das tat ich auch. Wie war es mir nun gelungen, dass ich heute schmerzfrei bin? Und wenn das überhaupt möglich gewesen ist, funktioniert das auch bei anderen Schmerzen? ich sage Dir: Ja, das tut es!

Für leichtere Schmerzen wie Migräne, normale Rückenschmerzen und ähnliches habe ich einfache Übungen entwickelt, die innerhalb von Minuten wirken. Aber für so hartnäckige wie diese, da entwickelte ich eben eine Übung, welche ganz, ganz tief geht. Vorab muss ich aber betonen, dass ich alle Schmerzen immer auf psychische Umstände zurückführe. Ja, denn der Körper empfindet keinen Schmerz. Ich weiß, das klingt unsinnig. Aber denk mal nach. Wenn Du ohnmächtig oder in Narkose oder gar tot bist, hast Du dann noch Schmerzen? Nein, dann ist er weg. Sobald aber Dein Bewusstsein wieder im Körper ist, kann Schmerz wieder empfunden werden. Stimmt's? Folglich – ich appelliere an Dein logisches Denkvermögen – ist es nicht der Körper, sondern unser Bewusstsein, welches den Unterschied macht.

Aber was in meinem Bewusstsein war es denn, verdammt noch mal, was dieses Schmerzempfinden auslöste? Genau das entdeckte ich im Laufe dieser Übung, integrierte es und innerhalb von etwa einer halben Stunde war ich zum ersten Mal seit Jahrzehnten vollkommen schmerzfrei.

Wow, das war ein extrem beeindruckendes Erlebnis! Ich fühlte mich beinahe so wie damals, als ich mit meinem Motorrad den Ausflug ins Jenseits tätigte. Allerdings war ich damals offenbar zu jung, mit vier Jahren, um diese Erfahrung ins Tagesbewusstsein mit hinübernehmen zu können. Aber mit meiner Übung gelang es mir mit Leichtigkeit, nochmals zu genau jenem Augenblick zu gelangen. Die ganze Situation lief wie ein Film vor meinen Augen und ich beobachtete einfach. Doch plötzlich, an einer ganz bestimmten Stelle, stoppte der Film. Es war gerade in jenem Moment, als mich der Aufprall vom Auto in die Luft geschleudert hatte. So hatte ich jetzt also ein Standbild von dieser Situation. Ich hing mitten in der Luft. Ich betrachtete diesen Moment und plötzlich, wie ein Donnerschlag traf mich ein einziger Gedanke: Keiner kann mir helfen. Ich fühle mich zu hundert Prozent alleine. Und ich wusste, ich weiß nicht warum, aber ich wusste in dem Moment, dass dieses Gefühl für meine jahrzehntelangen Schmerzen verantwortlich war. Ich wusste es einfach.

Solche Augenblicke nenne ich: Augenblicke des unmittelbaren Wissens oder Gewissheit. Ich hatte keinen, nicht einmal den leisesten Zweifel daran. Ich wusste: Das ist es! Dieses Gefühl von damals, dieses Mich-alleine-und-hilflos-Fühlen war der Punkt. Da ich viel in Sachen Bewusstsein und Integration geforscht habe, wusste ich, was es jetzt zu tun gibt. Fühlen. Dieses, genau dieses Gefühl, welches sich gerade jetzt in voller Blüte in mir entfaltete und mein ganzes Wesen durchdrang, nicht wieder wegzuschieben, sondern anzunehmen und zu fühlen, wie es ist.

Dabei ist es wichtig, nicht in den Verstand zu gehen, denn dies würde bedeuten, dass ich mich davon distanzieren würde. Aber aus Distanz lässt sich nichts integrieren. Also entschied ich mich, diesen Schmerz des Verlorenseins einfach zu fühlen. Ich weinte selten so bitterlich wie jetzt. Aber als ich da durchgefühlt hatte und mein Seelenschmerz nachließ, bemerkte ich, dass ich keine Schmerzen mehr hatte, auch keine körperlichen.

Ah, wie ich diese Schmerzfreiheit genoss! Menschen, die keine Schmerzen kennen, wissen gar nicht, wie wundervoll ein Dasein in einem schmerzfreien Körper ist. Da drin ist es viel größer und viel weiter, als ich jemals vermutete. Ich fühlte mich, zum ersten Mal in meinem Leben, so richtig glücklich in meinem Körper. Ja, nahezu erleuchtet habe ich mich gefühlt. Welch eine Erleichterung! Kannst Du das nachvollziehen? Es war einer meiner schönsten Momente in diesem Leben. Daher ist er mir auch immer noch so bewusst, als wäre es erst gestern gewesen. Wow, ich fühlte mich wie im Paradies, obwohl ich eigentlich in meinem Körper steckte. In einem so entspannten Körper allerdings, dass er kaum mehr zu spüren war. Ich kannte dieses Gefühl bisher noch nicht. Es war einfach wundervoll, herrlich, genial! Seit dieser Erfahrung fing ich an, meinen Körper zu lieben. Bisher liebte ich ihn nicht, weil er für mich der Inbegriff von Schmerz war. Aber jetzt sieht die Sache völlig anders aus.

Die ersten schmerzfreien Tage fühlte ich mich auch geistig so frei, so dankbar und glücklich, dass es mir nicht aufgefallen ist, dass diese tiefe Dankbarkeit langsam, aber stetig immer mehr verblasste und das, wie es jetzt war, sich als ‚normal' in meinen Verstand einordnen wollte. Dabei half mir mein Körper – mit erneuten Schmerzmomenten – noch ein paar Mal. Jetzt aber wusste ich, um welches Gefühl es sich in Wirklichkeit handelte. Ich integrierte es jedes Mal erneut so lange, bis es letztlich nie mehr auftrat. Heute, wenn ich nur schon ansatzweise befürchte Rückenschmerzen könnten sich einstellen, integriere ich es schon bevor die Schmerzen einen Handlungsbedarf signalisieren. Der Gedanke reicht.

Ich fühle mich außerordentlich bevorzugt, dieses Wissen und diese Techniken zu besitzen, die ich im Laufe meines Lebens erforscht und entwickelt habe. Und das Allergrößte für mich ist nach wie vor die Tatsache, dass diese Methoden von jedem Menschen leicht zu erlernen und einfach umzusetzen sind.

Ich bin ein einfacher Mensch, allerdings mit besonderem Interesse am Leben. In der Schule war ich immer bei den Schlechtesten und träumte lieber herum, als mich mit Geometrie, Arithmetik oder Algebra zu beschäftigen. Ich war und blieb in meinem Herzen wohl immer ein Kind. Nicht immer kindisch, aber oft naiv und kindlich. Ich habe früh erkannt, dass die Schöpfung nicht kompliziert ist. Komplex ja, aber nicht kompliziert. In der Tat ist sie für jemanden wie mich leichter zu begreifen als für einen Gescheiten. Das Leben zu verstehen – ich glaube nicht, dass dies mit dem Gehirn zu schaffen ist. Aber wenn sich das Leben aus der Liebe gebiert, dann ist es naheliegend, dass es auch mit der Liebe verstanden, ja, erfasst werden kann. Zumindest für mich scheint dies logisch zu sein. Liebe versteht Liebe. Verstand versteht Verständliches und unser Wesen versteht das Wesentliche.

DER FLUG DES SCHNEEADLERS

Früher war ich ein sehr guter Skifahrer. Ich war jeden Winter wochenlang in den Bergen. Keine Piste und manchmal auch weitab davon, kein Hügel war vor uns, mir und meinen Freunden, sicher. Wir haben alles gemacht, was man auf Skiern machen kann. Zumindest fast alles.

Und so kam es, wie es kommen musste. Ich kannte die Piste in- und auswendig. Ich kannte jedes Hügelchen und alles, was sich als Schanze anbot. Allerdings erfuhr ich auch, wie groß der Unterschied von links oder rechts der Pistenmarkierung sein kann.

Da war diese eine, schon eher hohe Schanze. Wie eine verschneite Klippe. Man konnte einfach geradeaus darüber hinwegflitzen und es sah wirklich professionell aus. Allerdings nur dann, wenn man rechts am Pfosten den Absprung machte.

An diesem Tag sollte es nicht so sein. Ich versuchte es ungewollt von links. Ich flog wie ein Adler. In etwa auf Augenhöhe mit den Gesichtern in der Kabinenbahn, wurde mir plötzlich bewusst, wie ich schon kräftig mit den Armen ruderte. Ich dachte: „Das kommt nicht gut! Das kommt gar nicht gut!" Von weit oben erblickte ich ein kleines Hügelchen weit unterhalb von mir und ich dachte: „Oh, bitte bloß nicht! Alles Andere, aber bitte nicht auf den Hügel da unten!" Das wäre fatal, das wusste ich genau. Und genau, mitten auf dieses Hüglechen krachte ich.

Im Augenblick der Landung wurde ich bestimmt auf Zwergengröße zusammengepresst, um, nur einen Augenblick später, wie eine Feder nochmals kurz in die Luft zu schießen. Dann kam ich wieder zu mir. Allerdings bemerkte ich erst jetzt, dass meine Skier verschwunden, meine Handschuhe samt Skistöcken unauffindbar waren. Selbst die Skischuhe hatte ich plötzlich keine mehr an. Der Adler hatte in jeder Körperöffnung über dem Skianzug genauso viel Schnee wie um mich herum.

Und wieder: genau in dem Moment, als ich fliegend beschloss, dass ich diesen Sprung nicht überstehen werde, war Stillstand. Ja, auf Augenhöhe mit der Luftseilbahn verschwand wieder einmal die Zeit. Ich hatte jetzt nicht etwa ein hochspirituelles Erlebnis, aber es ist doch immer wieder faszinierend zu erleben, wie es ist, wenn die Zeit still steht. Auch hier hatte ich wieder unendlich viel Zeit, um zu überlegen, wie ich mich jetzt wohl am besten verhalten könnte. Ich habe viele Möglichkeiten abgewägt und nebenbei noch deutlich jedes einzelne Gesicht sowohl der Leute in der Kabinenbahn wie auch jedes einzelnen Skifahrers auf der Piste weit unter mir in Erinnerung. Besonderen den schockierten Gesichtsausdruck meines Kumpels, der für mich sicherstellte, dass hinter der Schanze keine Leute herumstehen. Danach wurde aus dem stolz fliegenden Adler, der sich während dem Flug noch dachte, was die Leute jetzt wohl denken, ein Schneeadler. Und das intensiv.

Warum ich Dir auch diese Geschichte noch erzähle? Weil ich möchte, dass Du eine wichtige Essenz nicht vergisst, nämlich: Im Angesicht echter Gefahr öffnet sich ein Raum, in welchem ganz einfach andere Zeitverhältnisse gelten. In unmittelbarer Todesnähe – und dabei ist es vollkommen egal, ob diese tatsächlich besteht oder man es sich nur einbildet – dann also, wenn man sich mit dem Tod abgefunden hat, indem man ihn akzeptiert -, dann betritt man eine andere Dimension.

So ist und bleibt es wichtig, dass wir die Angst vor dem Ende, vor dem Tod, ablegen. Sie verhindert uns womöglich ein Leben, aus und mit völlig neuen und anderen Perspektiven. Zu wissen, dass das vermeintliche Ende eigentlich erst der Anfang ist, das erleichtert alles.

Daher, ich wünsche diese Erfahrung einem jeden Menschen. Nicht die Gefahr an und für sich und schon gar nicht den mutwilligen oder fahrlässigen Tod. Ich wünsche jedem Menschen diese Erfahrung jenseits der Zeit. Dann wüssten alle, wie das gemeint ist, wenn es da heißt: „Ich bin zwar in dieser Welt, aber nicht von dieser Welt." Sie wüssten dann auch, wer damit gemeint ist, wenn von ‚lebenden Toten' oder den ‚Blinden' gesprochen wird. Das sind, wenn man den Unterschied von Zeit und Nicht-Zeit kennt, sehr zutreffende Beschreibungen.

ES IST SCHÖN, DASS ES DICH GIBT

Ich finde es nahezu prädestiniert für ein Buch wie dieses, damit zu enden, Dir zu sagen, wie schön es ist, dass es Dich und Euch alle da draußen gibt. Denn es ist nicht selbstverständlich, dass es uns gibt!

Natürlich liegen mir noch viele interessante Geschichten und Themen zum Ausführen auf der Zunge, aber ich denke, hier habe ich jetzt genug ‚Stoff' für ein paar Tage zusammengetragen, oder nicht? Ich glaube schon. Es wäre sehr schön, wenn Du über das von mir Gesagte eingehend nachdenken würdest. Bestimmt findest Du bei Bedarf weitere tolle Bücher von mir mit vielen weiteren

Tipps. Aber trotzdem, überfülle Dich nicht mit Büchern und Weisheiten anderer Menschen. Forsche selbst, entdecke selbst! Schau Dir neugierig all jene Bereiche an, von denen ich spreche, und mache Deine eigenen Erfahrungen damit!

Du bist ein unglaubliches Wesen und so vielschichtig und in einer so genial verflochtenen und haargenau auf alles abgestimmten Schöpfung, dass ich Dir nichts Besseres raten kann als: Fange an, das Leben zu erforschen und zu genießen, anstatt es weiterhin einfach nur zu bewältigen. Ganz egal wer auch immer mir widerspricht, das Leben ist nicht hart und schwer! Man kann es so gestalten, das stimmt. Aber es ist nicht gezwungenermaßen so. Hüte Dich davor, das zu glauben! Das wäre Dein Tod.

Noch bist Du gefangen in Deinen Verstandeskonstrukten. Aber schon bald nachdem Du damit angefangen hast, Dich selbst zu durchleuchten, wird Dein Leben sich zu verändern beginnen. Du wirst es lieben! Wenn Du es kennen lernst. Du wirst Dich lieben! Wenn Du Dich kennen lernst. Und jetzt gleich noch eins obendrauf: Ich kenne Dich! Ja, ich kenne jeden Menschen dieses Planeten, und zwar genauer als sie selbst! Klingt das sehr überheblich? Reicht das, um zu sagen, dass ich wohl auch nur so ein Eso-Spinner bin wie jene, welche in selbst gehäkelten Kleidern und Birkenstock bereift umherschweben oder -stänkern? Dann wäre Deine Menschenkenntnis noch sehr ausbaubar. Aber Spaß beiseite: Weißt Du, was mir mein Herz – als ich ihm ganz nah war – gesagt hat? „Bruno, wenn einmal alle Menschen sagen, dass Du spinnst, dann bleibe ganz ruhig und wisse, dass Du auf dem richtigen Weg bist."

Dieser Spruch hat mir in den schwierigeren Zeiten meiner bisherigen Laufbahn einige Hürden zu überwinden geholfen. Er hat mich förmlich getragen in einer Welt, damals, als ich noch jung war, meinen Weg nicht aufzugeben. Und heute scheue ich mich, wie Du siehst, nicht einmal mehr davon, allen Menschen zu sagen, was ich fühle und wie ich die Dinge sehe. Heute ist es schon fast Alltag geworden, dass Menschen wie ich und Du in allen Sparten der Gesellschaft auftauchen und offen über ihr Innerstes reden. Sich trauen, es allen zu zeigen, das braucht heute noch viel weniger Mut als noch vor 20 Jahren. Du kannst also gerne auch selbst damit anfangen. Die meisten Menschen reagieren heute überraschend gut, wenn man aus dem Herzen zu ihnen spricht! Das Imperium des Verstandes ist am Ende. Das Königreich der Liebe beginnt sich zu entfalten und wir, wir können zu den Ersten der Letzten in diesem Universum gehören, welche aktiv an diesem Transformationsprozess teilnehmen.

Es kann gut sein, dass Du nur alleine deswegen hierher inkarniert bist, um diesen Prozess mitzuerleben und mitzugestalten. Und wenn dem so wäre, dann fühle ich mich geehrt, wenn ich mit diesem Buch dazu beitragen durfte, dass Du Dich nun entschieden hast endlich Dein Leben zu leben.

Lass Dir niemals und von niemandem einreden, dass

Du nur ein ‚gewöhnlicher' Mensch bist. Denn das bist Du nicht! Keiner ist ein gewöhnlicher Mensch! Und schon gar nicht jene, welche sich für solche Dinge, wie in diesem Buch beschrieben, interessieren. Erkenne Dich als wundervoll! Erkenne Dich als untrennbarer Teil von dem, was die meisten Menschen ‚Gott' nennen! Fühle Dich einzigartig, denn das bist Du wirklich! Wertschätze Dich und das, was Du bist, als würdest Du die Quelle allen Seins bewundern, denn aus ihr bist Du entstanden und zu ihr kehren wir alle zurück. Einige früher und andere später, aber wir werden uns alle noch viel näher kommen, als wir es uns vorstellen können. Fange daher noch heute damit an, Dich selbst zu lieben, damit Du fähig wirst, den Nächsten ebenfalls wie Dich selbst zu lieben und wertzuschätzen, wie er gerade ist. Es wird sich lohnen! Denn entweder führt dies uns alle in eine friedliche Welt, in welcher alle Menschen glücklich sind, oder zu Deiner persönlichen Erleuchtung. Und beides ist besser, als wenn wir einfach so weitermachen würden wie bisher. Lies, wenn Du willst, dieses Buch wieder und wieder (mal) durch. Entdecke immer wieder Neues in ihm. Und vor allem denke jeden Augenblick an meine Abschlussworte. Entdecke Dich selbst und erkenne, wer Du in Wirklichkeit bist. Das wünsche ich Dir von ganzem Herzen und ja, hab' keine Angst vor dem Tod, es gibt ihn nicht!

Und hier meine Abschlussworte:

Du bist etwas ganz Besonderes!

ÜBER AUTOR & VERLAG

BRUNO WÜRTENBERGER & GREATLIFE.BOOKS

brunowürtenberger.com
freespirit-info.com
freespirit-shop.com
freespirit-tv.ch

BRUNO WÜRTENBERGER

Bruno Würtenberger geb. 1960 in Zürich ist Bewusstseinsforscher mit Leib und Seele. Er lebt zurückgezogen im Zürcher-Oberland, hat einen Sohn und eine große Vision, nämlich:

Eine friedliche, glückliche und erfolgreiche Gemeinschaft aller Menschen welche in Harmonie mit der Natur leben.

Er entwickelte das FreeSpirit®-Bewusstseinstraining, schrieb mehrere Bücher, darunter der Bestseller ‚Klartext'.

Würtenberger ist gefragter Dozent an in- und ausländischen Fachkongressen und besticht mit seiner humorvollen und charismatischen Art.

Zudem gründete er das Kinderhilfswerk ‚FreeSpirit®-Compassion' welches weltweit Kinder in Not ünterstützt. Bruno Würtenberger ist viel in der Welt herumgereist und studierte die Menschen nah und fern. Seine Kernkompetenz liegt im Bereich der Lebensgestaltung, empirischer Bewusstseinsforschung und Persönlichkeitsentwicklung.

Er gehört keiner Religion oder Konfession an und bekräftigt stets, nur seinem Herz zu folgen. Dies ist auch sein maßgeblicher Rat an die Menschen.

COMPASSION

Das FreeSpirit® Kinderhilfswerk hilft vorzugsweise Kindern und Eltern in Not. Wir sind der Meinung, dass Kinder eine Zukunft verdient haben. Sie sind es einfach Wert, dass wir Sie unterstützen und wir werden spätestens dann froh sein, wenn Sie grösser geworden sind und unsere Welt regieren.

Nur so können wir sicherstellen, dass die Zukunft der Menschheit menschlicher wird als es die Vergangenheit gewesen ist. Hunger und Armut sind heute leider grösser denn je. Ja, jeder kann helfen also, packen wir es an - gemeinsam können wir etwas bewegen!

Der Zweck des Vereins ist die Förderung und Unterstützung hilfsbedürftiger Menschen, wobei der Schwerpunkt auf die Hilfeleistung zu Gunsten von Waisenkindern und alleinerziehenden Elternteilen gelegt wird. Die Unterstützung geschieht in finanzieller, materieller und emotionaler Art in vereinsinternen und vereinsfremden Hilfsprojekten.

FreeSpirit® Kinderhilfswerk ist ein rechtlich anerkannter und international tätiger Verein gemäss den Bestimmungen des Art. 60ff ZGB mit Sitz in der Schweiz. Unser Verein ist von der Steuer befreit, das bedeutet, dass kein gespendetes Geld auf irgendeinem Steueramt hängen bleibt. Spenden an unseren Verein sind abzugsberechtigt.

KLARETXT

BRUNO WÜRTENBERGER

Klartext ist spirituelle Psychologie vom Feinsten. Weise, humorvoll, leicht verständlich, alltagstauglich und herrlich provokativ. Das Standartwerk des Schweizer Bewusstseinsforschers Bruno Würtenberger behandelt Realität und wie diese verändert werden kann, um ein selbstbestimmtes, glückliches Leben zu führen. Dieses Buch eröffnet dem Leser eine ganz neue Herangehensweise und ist ein wertvoller Lebensbegleiter. Ein Muss für jeden, der sich ein frei bestimmtes Leben voller Erfolg, Freude und Liebe wünscht.

ISBN:
978-3942880-05-3
Umfang:
300 Seiten
Verlag:
Horizon Verlag

REVOLUTION

BRUNO WÜRTENBERGER

Dieses Handbuch ist für Menschen gedacht, die es wirklich wissen wollen. Kompromisslos ehrlich, anstössig, unglaublich tiefgründig und humorvoll-ironisch zugleich räumt der Autor mit allen spirituellen und esoterischen Umwegen auf. „Revolution" ist mit Sicherheit eine aussergewöhnliche Lektüre von allerhöchster Qualität und Einfachheit. Man kann dieses Handbuch durchaus als spirituellen Turbo bezeichnen. Achtung: nicht für ‚Mimosen' geeignet!

ISBN: 978-3952272-13-8
Umfang: 264 Seiten
Verlag: Spirituelle Schule Schweiz

SEIN IM ZENTRUM DER MITTE

BRUNO WÜRTENBERGER

„Sein im Zentrum der Mitte" berührt das Innerste der Essenz spiritueller Weisheit. Kompromisslos, wie wir es von Bruno P. Würtenberger gewohnt sind und wie immer von seinem Humor begleitet, wagt er in diesem Handbuch den Schritt weit über die Normalität gängiger esoterischer oder religiöser Betrachtungen grundlegender Weisheit hinaus.

ISBN:
978-3952272-15-2
Umfang:
267 Seiten
Verlag:
Spirituelle
Schule Schweiz

GREATLIFE.BOOKS

ÜBER GREATLIFE.BOOKS

Für alle, die für ihre Message Medium, Leser und eine tatkräftige Unterstützung suchen

1994 haben wir in den (damals noch neuen) Medien, unseren Weg begonnen. Zwanzig Jahre später findet sich jetzt all unser Knowhow unter einem Hut und einer großen Dachmarke: dem GreatLife - Netzwerk. Mit unserem Verlag GreatLife.Books können wir daher Dir als Autor, ein riesiges Leistungsspektrum anbieten. Von der Konzeptentwicklung, über den Buchsatz, bishin zum Lektorat, Grafik, Video, Onlinemarketing, PR, TV oder SocialMedia, alles steht Dir für den den Erfolg Deines Buches zur Seite. Gemeinsam ziehen wir an einem Strick, mit einem Ziel vor Augen: Dein Thema Deinen Lesern vorzustellen.

Wir sind kein „richtiger Verlag" im herkömmlichen Sinne. Wir drucken nicht selber. Das erledigen weiterhin unterschiedliche BoD Unternehmen. Wir finden schon den Richtigen für Dich. Du siehst, wir verstehen uns als Dienstleister und Netzwerk für Indi-Autoren. Gemeinsam fällt es einfach leichter etwas zu bewegen und so haben wir so schon einiges zusammen erreicht.

Voraussetzung um zu uns zu passen ist: Du hast etwas rund um das Thema Leben, Entwicklung oder Spiritualität zu sagen. Wie dieses Buch hier ja auch. Mit einem Roman bist Du bei uns falsch.

Wenn Dich unsere Arbeit interessiert, schaue einfach auf unserem youtube-Channel, was unsere Autoren über uns sagen. Auch den Autor dieses Buches wirst Du da finden. Auf unserer WebSite (www.greatlife.world) findest Du noch weitere Video-Statements und Interviews.

Wenn Du also den Service eines Verlages suchst, aber die Freiheit eines Indi-Autors dabei nicht aufgeben willst, dann solltest Du uns ansprechen. Ruf einfach an oder maile uns, im persönlichen Gespräch werden wir schnell herausfinden was Du brauchst, wir für Dich tun können und wir gemeinsam erreichen können.

Viel Freude Dir weiterhin beim schreiben und viele nette Leser

Dein Team von GreatL!fe.Books

So erreichst Du uns

WWW	http://greatlifebooks.de
	http://greatlife.university
	http://greatlife.events
MAIL	info@greatlifebooks.de
FON	(06201) 90 20 4-44
FAX	(06201) 90 20 4-45
POST	Hauptstr. 97 | 69 469 Weinheim

HEUL NICHT RUM. COACH DICH SELBST.

EIKE RAPPMUND

Eigene Muster erkennen, verstehen und in den Griff bekommen, dass ist die Aufgabe, bei der dieses Buch Dir helfen will. Ein praktisches Arbeitsbuch für die persönliche Entwicklung.

ISBN:
978-3945952-01-6
Umfang:
304 Seiten
Verlag:
GreatLife.Books

DETOX BODY BOOK

CAROLINE BIENERT

Das Detox Buch für zuhause. In acht Tagen wieder zu einem gesunden, entgifteten Körper kommen - wie das geht? Das zeigt Caroline Bienert in der stark erweiterten Neuauflage Ihres Buches.

ISBN:
978-3945952-21-4
Umfang:
308 Seiten
Verlag:
GreatLife.Books

MACHTSPIELE? MACHT NICHTS!

MICHAEL KIRCHHOFF

Gerade in Verhandlungen, im Verkauf, mit dem Chef oder beim Kunden kann das Buch von Michael Kirchhoff ein guter Leitfaden durch den Dschungel der Kommunikation werden. Fachlich fundiert, leicht zu lesen, geballtes Wissen vom Fachmann.

ISBN:
978-3945952-10-8
Umfang:
228 Seiten
Verlag:
GreatLife.Books

DAS ICH GESPENST

BERND HÜFNER

Wer sich schon mal getraut hat, den Blick über den Tellerrand zu heben, wird mit dem neuen Buch von Bernd Hüfner viel Freude haben. Aus welchen Perspektiven man Leben und die Welt an sich sehen kann, ist nicht das Thema, viel mehr, wie diese Perspektiven auf einen wirken.

ISBN:
978-3945952-15-3
Umfang:
264 Seiten
Verlag:
GreatLife.Books

TOTGEKNUTSCHT
SUSANNE VOLLGOLD

Auch mit der Qualität zwischenmenschlicher Begegnungen hat es Susanne aufgenommen. Ihr kleiner Ratgeber mit Stinkstiefeln und „Unsympathen" umzugehen ist wahrhaft ein Goldstück.

ISBN: 978-3945952-10-8 | **Umfang:** 228 Seiten
Verlag: GreatLife.Books

THERAPEUT DER HERZEN

RALPH-DIETMAR STIEF

Ralf ist Handleser und ganzheitlicher Therapeut. Er lebt seit über 20 Jahren schon in Spanien - die meiste Zeit davon auf Mallorca. In seiner Roman-Trilogie nimmt er Dich mit auf eine spannende Reise zu Dir selbst.

ISBN:
978-3945952-44-3
Umfang:
232 Seiten
Verlag:
GreatLife.Books

HANDBUCH MANIPULATION
EIKE RAPPMUND

Das vom buchreport 2016 als Bestseller, Rubrik: Fachbuch, Indi-Autoren ausgezeichnete Handbuch, nimmt Dich mit auf eine Reise der Bewusstwerdung. Im Mittelpunkt stehen die Rituale menschlicher Hirnmechanik, ihre unausweichlich scheinenden, psychologischen Verstrickungen und ihre Wirkgewalt im Alltag.

ISBN:
978-3849578-30-5
Umfang:
440 Seiten
Verlag:
tredition